भारतीय ज्ञानपीठ

णाणं पयासयं

वीर नि.सं 2470

ई.सन् 1944

भारतीय ज्ञानपीठ

महामाई

(कन्नड़ से अनूदित नाटक)

महामाई

चन्द्रशेखर कंबार

अनुवाद : सान्त्वना निगम

(हिन्दी अनुवाद लक्ष्मी चन्द्रशेखर के अँग्रेजी अनुवाद से)

भारतीय ज्ञानपीठ

लोकोदय ग्रन्थमाला : ग्रन्थांक 1141
ग्रन्थमाला सम्पादक
रवीन्द्र कालिया
सह-सम्पादक
गुलाबचन्द्र जैन

महामाई
(कन्नड़ नाटक)
चन्द्रशेखर कंबार
अनुवाद : सान्त्वना निगम

प्रथम संस्करण : 2012
मूल्य : 120 रुपये

ISBN 978-93-263-5027-3

प्रकाशक : **भारतीय ज्ञानपीठ**
18, इन्स्टीट्यूशनल एरिया, लोदी रोड, नयी दिल्ली-110 003

मुद्रक : चार दिशाएँ, नोएडा-201301 (उ.प्र.)

आवरण चित्र : नेशनल स्कूल ऑव ड्रामा के लिए राजिन्दर नाथ द्वारा निर्देशित नाटक का एक दृश्य
आवरण-सज्जा : ज्ञानपीठ कला प्रभाग

MAHAMAAI
(Kannad Play)
By Chandrashekhar Kambar
Translated by : Santvana Nigam

Published by : **Bharatiya Jnanpith**
18, Institutional Area, Lodi Road, New Delhi-110 003

e-mail : jnanpith@satyam.net.in, sales@jnanpith.net
website : www.jnanpith.net

First Edition : 2012
Price : Rs. 120

पुरोवाक्

चन्द्रशेखर कंबार के नाटकों में भारतीय रंग-परम्परा का प्रमुख तत्त्व 'वाचन' मुख्य रूप से पाया जाता है। नाटककार ने इस नाटक में 'शेटिवी' का चित्रण मृत्यु की देवी के रूप में किया है, जबकि लोककथा में वह भाग्य की देवी है। संजीव उसका गोद लिया पुत्र है, उसे माँ द्वारा वैद्यक का आशीर्वाद प्राप्त है कि वह जिस रोगी को भी हाथ लगाएगा, वह ठीक हो जाएगा। लेकिन वह सिर्फ उन्हें ही बचा पाता है जिन्हें माँ शेटिवी चाहती है।

इलाज के लिए राजविदूषक मदन, कब्र खोदने वाला मारा व चरवाहा लड़का अपनी माँ के साथ संजीव के पास आते हैं। संजीव लड़के का इलाज करना चाहता है, मगर माई उसे उसका इलाज करने से मना करती है। संजीव अपनी माँ को बहुत प्यार करता है, लेकिन उसे इस बात की ग्लानि होती है कि उसके पास निर्णय लेने की आजादी नहीं है। मदन से उसे राजकुमारी की बीमारी का पता चलता है। संयोगवश राजकुमारी से उसकी भेंट हो जाती है और वह उसे ठीक करने का निर्णय लेता है, तभी माई बूढ़ी औरत के वेष में आकर उसे इसका इलाज करने से मना करती है। परिणामस्वरूप उसके और माई के बीच खुला द्वन्द्व छिड़ जाता है। माई अपनी शक्ति प्रदर्शन हेतु उसके प्रिय मृगछौने और मदन की पत्नी मंजरी को, जो नाटक में शिव का अभिनय कर रही होती है, मार देती है। संजीव प्रेम और गरिमा की रक्षा हेतु राजकुमारी के गले में बँधी औषधीय लता को खोलने से मना कर देता है। नाटक का अन्त संजीव की जीत और माई की हार के साथ होता है।

मृत्यु पर मनुष्य की जीत विश्व लोककथाओं का प्रमुख विषय

रहा है हालाँकि जीत के तरीके निश्चित रूप से अलग-अलग रहे हैं। जैसे मार्कण्डेय की लोककथा में भक्ति, सावित्री की कथा में ब्रह्मज्ञान और हरक्युलिस में असीम शारीरिक शक्ति जीत के साधन रहे हैं। नाटक 'महामाई' में इसे दूसरे ढंग से रखा गया है। यहाँ यह जीत वैद्यक दक्षता के कारण नहीं, बल्कि मानवीय प्रेम और सम्बन्धों के कारण हुई है। नाटक के अन्त में औषधीय बेल माई द्वारा पहले ही उतार ली गयी है। वह अपने पुत्र संजीव को दीर्घायु का वर और उसे अपनी इच्छानुसार उपयोग करने का आशीर्वाद देती है। यही अपने द्वारा दिए गये आशीर्वाद से उसकी हार होती है।

नाटक के आध्यात्मिक आलोक में मानवीय मूल्यों, करुणा, प्रेम, स्वतन्त्रता, सत्य और सृजनात्मकता को महत्त्वपूर्ण स्थान दिया गया है और इनको मानव और मानवेतर के दोहरे दृष्टिकोण से देखा गया है।

नाटक 'महामाई' की सार्थकता आज की मानवीय अवस्था से है जहाँ मनुष्य बिना आजादी के विश्व शक्तियों द्वारा नियन्त्रित है। नाटक का नायक अनाथ संजीव ऐसे विश्व में जी रहा है जहाँ आस्था जीवन में नहीं, मौत में है। यहाँ मौत की देवी उसे शक्ति तो देती है लेकिन उस शक्ति को अपनी इच्छानुसार इस्तेमाल करने की आजादी नहीं देती। यहीं संजीव को जीवन के अधूरेपन और प्रेम की अनुभूति का भान होता है। इन्हीं मूलभूत प्रश्नों को लेकर नाटक का ताना-बाना बुना गया है।

पात्र

माई (शेटिवी माँ)
संजीव शिव
राजकुमारी
गिरिमल्लिगे
मदन तिलक
पुष्पगन्धी
राजा
मारा
मदरंगी
मंजरी
बूढ़ी औरत
सेविका
सेवक
कीर्तिशिव की आत्मा
अन्य आत्माएँ
पक्षी
सैनिक
मन्त्री
स्त्री
सेडूमारी (डायन) 1, 2

नान्दी पाठ

गिरिमल्लिगे : नान्दी पाठ में सलवागी के शिवलिंग जी का हम नमन करते हैं और नाटक शुरू करते हैं। यह कथा माँ शेटिवी की है जो मृत्यु की देवी हैं। हम चाहते तो उनका आवाहन नान्दी में ही कर सकते थे पर माँ को भाता है कि उनका नाम केवल भरतवाक्य में ही आये। लेकिन भरतवाक्य से कोई नाटक प्रारम्भ कैसे किया जा सकता है? इससे पहले कि हम आपसे उनका परिचय कराएँ, हे दर्शकगण, माँ का रूप धारण कर वे स्वयं उपस्थित हो गयीं।

माई : मैं इस विश्व-जगत् की हर वस्तु का अन्तिम पड़ाव हूँ। सब जड़-चेतन, प्रकाश, गति, सम्पूर्ण ज्ञान और अस्तित्व की माँ हूँ, तुम्हारी नजरों में एक बूढ़ी जर्जर स्त्री। इस चराचर के हर प्राणी के अन्त समय में मुझे उपस्थित होना होता है—नाना रूपों में, भावों में जैसा भी उनकी भावनाएँ उन्हें रूप दें। तभी तो मैं हर पल अपनी रूपसज्जा और रूप बदलती रहती हूँ। क्षमा, गिरिमल्लिगे। इधर के लोग मुझे शेटिवी माता के नाम से जानते हैं।

गिरिमल्लिगे : माँ...

शेटिवी : करती रहो जो कर रही थीं।

(प्रस्थान)

गिरिमल्लिगे : माँ का कहा कुछ भी तुम्हारे पल्ले नहीं पड़ा न! मृत्यु की देवी हैं शेटिवी माता, सबके जीवन का अन्तिम पड़ाव। कभी न बदलने वाली नियति हैं वह, जिससे न केवल मैं और तुम, देवता भी भयभीत रहते हैं। हर पहाड़ी पर माता का मन्दिर

है, हमारी पहाड़ियों पर भी शेटिवी का एक मन्दिर है। हर जगह अलग-अलग नामों से जानी जाती हैं वह। हमारे लिए वे शेविटी माई हैं। पहाड़ी के नीचे देखते हो—एक छोटी-सी गुफा? यह प्रवेश-द्वार है। उस पाताल-लोक का जिसकी वे साम्राज्ञी हैं। मैं, गिरिमल्लिगे, माँ की विश्वस्त सेविका और भक्तिन। और वह है संजीव शिव, माँ का गोद लिया बेटा। जब संजीव के माता-पिता की आयु पूरी हो गयी, मृत्यु के पूर्व वे अपने बेटे को शेटिवी माँ के हवाले कर गये। बोले—माता, इसे लम्बी आयु, उज्ज्वल भविष्य और धन दौलत का आशीष देना। उन्होंने प्रार्थना की, माता का मन भर आया स्नेहिल दया से। उन्होंने वचन दिया—मैं इस बच्चे को एक बहुत बड़ा वैद्य बनाऊँगी। प्रसिद्धि इसके पाँव चूमेगी, तुम निश्चित रहो। इधर माता ने इतना कहा, और उधर वे निश्चिन्त होकर शान्ति से मौत की गोद में सो गये। तभी से या तो माता ने या उनकी अनुपस्थिति में मैंने बच्चे को आँखों से एक पल के लिए भी ओझल नहीं होने दिया। बच्चे ने बीस महीनों में बीस वर्ष की वृद्धि हासिल की। बीस हफ़्तों में बढ़ गया बीस महीनों जितना। अब वह बड़ा हो गया—एक बाँका जवान। आँखों में सहेजकर रखने वाला रूप पाया है उसने। इन वर्षों में वह एक आज्ञाकारी लड़का बना और हर रीत-रिवाज को निभाया। जड़ी-बूटी, पत्ते-पौधों को औषधि में बदलने की महारत हासिल की है और अब बन गया है एक निपुण वैद्य। इस उम्र में ही छू ली हैं ऊँचाइयाँ और उसका यश फैल गया है देश के कोने-कोने में। कितनी ही उपाधियाँ पायी हैं! इस नश्वर संसार में कोई ऐसा नहीं है जो निरोग न हुआ हो, उसने बस एक बार नाड़ी परखी और औषधि दी तो भयंकर बीमारी भी पीछा छोड़ देती है।...पता है क्यों? तो सुनो। अचम्भे में डाल दूँगी सबको—एक भेद बताकर। माँ का अपने पुत्र को दिया हुआ वर है कि जब भी संजीव रोगी की नाड़ी परखता, माँ उपस्थित हो जातीं, रोगी की दाहिनी अथवा बायीं ओर। किसी और को वह दिखाई नहीं

देतीं सिवाय संजीव के। संजीव रोगी को स्वीकार करता है अथवा अस्वीकार—यह देखकर कि माता रोगी कि बायीं ओर खड़ी हैं या दाहिनी ओर। अगर माता रोगी की दाहिनी ओर बैठती हैं तो वह रोगी का इलाज करता है, यदि वे बायीं ओर बैठती हैं तो चाहे कितनी ही दिल दहला देने वाली विनती हो, वह अनसुनी कर रोगी की चिकित्सा करने से इंकार कर देता है। यही है अपने पुत्र को दिया हुआ माता का वरदान। आखिर माता क्या चाहेगी, बेटे की भलाई के सिवा? रोग निरन्तर बढ़ते ही जा रहे हैं इन दिनों और बढ़ता जाता है संजीव के मन का खेद कि जड़ी-बूटियाँ रोगों की तरह नहीं बढ़ रहीं। और तभी वह नये निदानों का आविष्कार कर रहा है कि चिकित्सा में जड़ी-बूटियों की जरूरत न पड़े। अगर वह एक पल के लिए खाली होता है तो भाग पड़ता है जंगल की ओर, नयी जड़ी-बूटियों की तलाश में। अस्वाभाविक है यह, बहुत ही अजीब, कि इस उम्र का युवक हर समय उलझा रहे रोगों और रोगियों में—अकेला, संगीहीन। जब ऊबा हुआ हो कभी तो बस अपनी हिरणी नेत्रवती से खेले, अपने मित्रों से न बोले न बतियाये। अस्वाभाविक नहीं यह?...यह देखो, यह रही उसकी वैद्यशाला और उसके तीन रोगी—यह स्त्री, जिसको देखने वाला कोई नहीं सिवाय उसके चरवाहे बेटे के। उसी के लिए दिन-रात जीती है यह। वह दूसरा रोगी कब्र खोदने वाला मारा, कब्रिस्तान में ही पड़ा रहता है और मुर्दों के साथ बतियाने के लिए मशहूर है। मलयाले के मान्त्रिक और बंगाल के तान्त्रिकों को उन स्त्रियों के नरमुंड और हाथ की अस्थियाँ मुहैया कराता है जो सन्तान को जन्म देते हुए मर गयी हों। एक सीधा-सादा डरा हुआ आदमी, जिसे पाप या पापहीनता छू भर भी नहीं गयी। भयभीत हो नींद में भी बड़बड़ाता है हर समय। लेकिन जब घर में कोई लाश पड़ी हो, वह ऐसा नहीं करता। लोग उसे याद नहीं करते हैं और अगर वह सामने खड़ा भी रहे तो अनदेखा करते हैं। आप भी अगर उसे भूल जाएँ तो बेहतर होगा। और यह आखिरी

आदमी। यह बहुत बड़ा अभिनेता है, राजसभा का विदूषक। चालाक बूढ़ा, मौत का डर हमेशा जिसका पीछा करता है और वह है कि डर से पिंड छुड़ाने को हमेशा दूसरों का नाम और चेहरा ओढ़ लेता है। उसका अपना कोई नाम नहीं है। आपको पता भी नहीं चलेगा कि कब उसने किसका चेहरा ओढ़ा हुआ है। चलिए, सुविधा के लिए हम इसे मदन तिलक के नाम से बुलाते हैं। अब देखिए!

माता का आगमन

[संजीव शिव का औषधालय। हिरनी नेत्रवती स्वच्छन्दता से घूम-फिर रही है। एक कोने में मदन तिलक अपनी छाती पर हाथ धरे कहराता हुआ बैठा है। दूसरे कोने में चिन्ता से घबराई एक स्त्री अपने बेटे को गोद में लिये बैठी है। कमरे के बीचोंबीच बूढ़ा मारा अपना पेट दबाये बैठा है। मदन तिलक को देखते ही वह उसे पहचान लेता है और अपना पेट दर्द भूलकर उसके पास जाता है]

मारा : *(हँसकर)* तुम राजमहल के विदूषक तो नहीं हो?

मदन : हाँ हाँ, यहाँ मैं छाती के दर्द से मरा जा रहा हूँ, और तुम्हें मजाक सूझ रहा है! मुझ पर हँस रहे हो?

मारा : मसखरे भाई, मेरे भी पेट में बहुत दर्द है, फिर भी तुम्हें देखते ही मुझे हँसी आ गयी, स्वयं को रोक न पाया। तुम्हें शिवरात्रि की याद है? जब तुम शिवजी बनकर नाचे थे, और हम शिवजी के चरणों की बजाय तुम्हारे चरणों पर गिर पड़े थे? याद है न? तुम आम लोगों जैसे नहीं हो। मैं जब भी वह सब याद करता हूँ, मुझे हँसी आ जाती है।

मदन : उस घटना को हुए दस साल बीत चुके हैं...क्या तुम तब से हँस ही रहे हो?

मारा : बेशक, और क्या! ऐसा लगता है जैसे तो कल की ही बात हो! मैं कैसे भूल सकता हूँ! तुम तो ऐसे हो कि स्वयं शिवजी का ही मजाक उड़ाओ। क्या कोई यह विश्वास करेगा कि सचमुच तुम्हारी छाती में दर्द हो रहा है? या कि तुम रोगी होने का नाटक कर रहे हो? क्या वाकई तुम बीमार हो?

मदन : ओ हो हो हो...मेरी छाती में दर्द हो रहा है, भयंकर दर्द।

दिल नगाड़े तरह धम्म-धम्म धड़क रहा है। कैसे तुम्हें यकीन दिलाऊँ?

मारा : लो, वैद्यजी आ गये। कम-से-कम उन्हें तो सच-सच बताना।

(संजीव शिव का प्रवेश)

मदन : वैद्यजी, मौत मेरे दिल पर मँडरा रही है। घड़ी भर की देर हो गयी तो आप पछताएँगे। जल्दी कीजिए।

स्त्री : वैद्यजी, मेरे इकलौते बच्चे को बचा लीजिए।

संजीव : *(बच्चे की तरफ़ देखते हुए)* यह कब से इस तरह अकड़ा हुआ है?

स्त्री : दो घंटे से। अभी भी इसमें थोड़ी-सी जान बची है। लोग कहते हैं कि अगर आप इसकी नब्ज देख लेंगे तो यह ठीक हो जाएगा। लीजिए जल्दी से देखिए इसकी नब्ज।

संजीव : क्या यह धूप में घूमता रहा था?

स्त्री : यह पहाड़ी पर माई की गुफा में गया था। बस्स। जब लौटा तो बीमार था।

मारा : तुमने इसे वहाँ जाने ही क्यों दिया? क्या यह तुम्हें मालूम नहीं कि जो लोग गुफा के अन्दर जाते हैं, वे कभी नहीं लौटते? लो वे आ गयी हैं। *(अचानक मारा स्तम्भित-सा खड़ा हो जाता है, जैसे उसने किसी देवी के दर्शन कर लिये हों)* ...लो वे आ गयीं। माता की जय! माता की जय!

(शेटिवी माता प्रवेश करती हैं। संजीव शिव हैरान है कि मारा माता को कैसे देख पाया! संजीव शिव और मारा के सिवा और कोई माता को देख नहीं सकता। लेकिन मदन तिलक उनके चेहरे के भावों में बदलाव पर गौर करता है। मुस्कराती हुई शेटिवी मारा की ओर बढ़ती हैं और उसके दाहिनी तरफ जाकर खड़ी हो जाती हैं। संजीव शिव जल्दी से उसके पास आता है और उसकी नब्ज देखता है। जब तक माता वहाँ खड़ी रहती हैं, संजीव उसका हाथ थामे रखता है और कहता है)

संजीव : मैं तुम्हारा इलाज करूँगा, तुम ठीक हो जाओगे।

(अब संजीव माता को छोटा बच्चा दिखाता है। माता लेटे

हुए बच्चे के पास जाती हैं और उसकी बायीं ओर खड़ी हो जाती हैं। संजीव के चेहरे पर निराशा झलकती है। वह दुखी व निराश दिखता है।)

संजीव : माँ, अब बहुत देर हो गयी है...

मारा : मुझ जैसे बूढ़े को जिन्दा रखने की क्या जरूरत है, श्रीमान। बच्चे का जिन्दा रहना जरूरी है। *(माता अदृश्य हो जाती हैं)* ओह शिव, शिव!

स्त्री : यह मेरा एकमात्र सहारा है सिरिमान।

मारा : *(स्त्री से)* माता ने मुझ जैसे खूसट बूढ़े पर असीस बरसायी, लेकिन तुम्हारे बेटे पर नहीं। जाओ, अब कुछ नहीं होने वाला।

मदन : ठीक है, लेकिन जो तुम कह रहे हो, वह क्या खुद वैद्यजी को नहीं कहना चाहिए?

मारा : अब मैं क्या कहूँ मसखरे! क्या वे इस बच्चे को बचा पाएँगे? बताओ?

स्त्री : सिरिमान जी...

संजीव : मैंने तुम्हें कहा न कि मैं कुछ भी नहीं कर पाऊँगा। इसे ले जाओ।

मारा : जाओ जी भर कर रोओ, जब तक दिल को चैन न मिले। तब तक मैं जाकर कब्र खोदता हूँ। *(आँसू बहते हैं)* एक बच्चे की कब्र खोदने से बढ़कर दुखदायी बात और कोई नहीं। आओ चलें। अच्छा होता, अगर माई इस बच्चे को जिन्दगी बख्श देती।

(जाने लगता है)

संजीव : *(मारा से)* जाने से पहले अपनी दवा लेते जाओ।

मारा : मुझे बच्चे की कब्र खोदने में देर नहीं करनी चाहिए। माई ने अपनी इच्छा जतला दी है। खैर, मैं इन जड़ी-बूटियों से अपना काढ़ा बना लूँगा।

(चला जाता है। स्त्री बच्चे को अपनी बाँहों में उठाये रोती हुई चली जाती है। संजीव अपने को तुच्छ महसूस करता हुआ परेशान होता है। मदन तिलक को इस बात का आभास होता है।)

मदन : श्रीमान, शिवजी की सौगन्ध, आपने जैसे ही मेरी नब्ज देखी, मुझे पता चल गया कि मैं ठीक हो जाऊँगा। देखिए मेरा दिल कितना हल्का हो रहा है! मेरा गाने का जी कर रहा है।

संजीव : माफ कीजिए दद्दा, चुपचाप बैठे रहिए जब तक मैं आपको दवा नहीं दे देता।

मदन : वैद्यजी, मैं बोल नहीं रहा हूँ—मैं इतना खुश हूँ कि नाचना चाहता हूँ—अलबत्ता आप इजाज़त दें तो। नाचूँ क्या?

संजीव : अरे बुढ़ऊ... अचानक तुम्हें यह क्या हो गया?

मदन : मैंने तुमसे कहा न कि मैं जिन्दा रहूँगा।

संजीव : तुम भी कमाल के बूढ़े हो!

मदन : अरे तुम मुझे जब से बुड्ढा-बुढ़ऊ जैसे सम्बोधनों से क्यों पुकार रहे हो? क्या मैं इतना बूढ़ा दिखता हूँ? वह तो छाती में दर्द की वजह से मैं जरा पस्त हो गया था बस। अब देखो मेरी तरफ!...

संजीव : तुम्हारी उम्र क्या है?

मदन : ऐं, क्या तुमने मेरी उम्र पूछी भैया? तो बात यह है कि मेरा शरीर तो शायद सत्तर या अस्सी साल पुराना है। अपना बोझ खुद ढोता है। सुबह-सुबह जब जागता हूँ तो दिमाग़ लड़कियों के सपनों के बोझ से बोझिल बना रहता है। अब देखो, उस दिन मैंने एक लड़की को देखा। उसके बारे में एक गीत सुनाऊँ?

संजीव : ओफ्ओ, गजब का बुड्ढा है! पहले दवा तो देने दो।

मदन : *(धीमे से उसके कानों में)* अगर दवा दे ही रहे हैं तो मुझे जवान बनाने के लिए भी दवा दे दीजिए। अब तो मेरे पास एक नयी लड़की भी है।

संजीव : अच्छा यह बात है! तो उसके लिए भी दवा दे देता हूँ।

मदन : तब तो एक बात के लिए माफी माँगता हूँ— मुझे गप्पबाजी की आदत है— अगर थोड़ी गप्पें हाँकूँ तो आपको कोई एतराज है?

संजीव : तुम्हारा गप्पें हाँकना क्या इतना जरूरी है?

मदन : मैंने कहा नहीं कि मैं अपनी इस बुरी आदत से मजबूर हूँ।

हाँ तो बताओ फिर, किससे शुरू करूँ?

संजीव : अच्छा तो, भगवान के बारे में गप्पबाजी करो, मैं भी जरा देखूँ...

मदन : तुमने तीर ठीक निशाने पर मारा। जब तुम मेरी नब्ज़ देख रहे थे तो मुझे लगा तुम और मारा जैसे किसी अदृश्य देवता से बातें कर रहे थे। हमें भी बताओ तो जरा कि भला वह था कौन?

संजीव : यह तुम मारा से ही पूछ लेना।

मदन : भैया, तुम बड़े भोले हो। जब भी तुम्हें देखता हूँ तो मन प्रसन्न हो जाता है। एक बात बताऊँ, तुम्हारे पिता कीर्ति शिव को मैं जानता था।

संजीव : अच्छा? कौन तुम हो?

मदन : राजसभा का विदूषक और तुम्हारे पिता का मित्र। वह मौत के चंगुल में इतनी आसानी से इसलिए फँस गया क्योंकि वह अपनी ज़िन्दगी में हमेशा से नायक की भूमिका निभाता था। लेकिन मैं हर रोज अपना नाम बदलता और हर रोज अलग-अलग भूमिकाएँ निभाता। शायद इसी से मौत ने मुझे ठीक से अब तक पहचाना नहीं। आज अगर तुम्हारे पिता जिन्दा होते तो मुझ जैसे ही, या शायद मुझसे बेहतर होते। क्योंकि तुम्हारे पिता ने सिर्फ़ तुम्हारी माँ से ही प्यार किया था और मेरी यह हालत इसीलिए हुई कि मैंने जितनी भूमिकाएँ निभायीं, उतनी ही औरतों से मैंने शादी की और वे सब की सब एक-एक कर मर-खप गयीं। कुछ दिन मैं अपनी बदकिस्मती का दामन थामे जीता रहा। किसी भी चीज में मेरी दिलचस्पी न रही और बस इस छाती का दर्द लिये बिस्तर पर लेटा रहा। फिर मैंने तय किया कि बहुत हो गया। अब दुख-दर्द झाड़ कर उठ खड़ा हुआ जाए और किसी दूसरी लड़की को तलाश की जाए। और देखो तो भला कि लड़की मिल भी गयी और मैंने उसे आरक्षित करके रख लिया कि जब मैं पूरी तरह ठीक हो जाऊँगा, तभी उसके पास जाऊँगा। उसका नाम है मदरंगी। हाँ तो अब अपने बाप के इस दोस्त पर रहम करो और उसे भरपूर जवान बनाने की दवा दो।

संजीव : दद्दू, दवा तो जरूर दूँगा। तुमने कहा कि तुम मेरे माता-पिता को जानते थे, तो पहले मुझे उनके बारे में और कुछ बताओ न!

मदन : जब मुझे पक्का विश्वास हो जाएगा कि तुम्हारी दवा से मेरी जवानी लौट आयी है, तभी तुम्हें सबकुछ बताऊँगा।

संजीव : तुम बड़े घाघ बुड्ढे हो! अच्छा चलो, अपने बारे में ही और कुछ बताओ।

मदन : जरूर बताऊँगा, अगर तुम मुझे बार-बार 'बुढऊ-बुड्ढा' कहना बन्द कर दो। (*थोड़ा ठहरकर, जैसे कहीं खो गया हो, इस मुद्रा में कहना शुरू करता है*)

मदरंगी
सपनों की रानी है वह मेरी
मेरा धर्म है मदरंगी
मेरा देश है मदरंगी

उसके लिए जो व्याकरण लिखा है मैंने, उसे पढ़कर राजसभा के विद्वान भी जलने लगे मुझसे। उदाहरण के लिए मैंने कारकों का ऐसा बढ़िया उपयोग किया है कि बस, गौर फरमाइएगा—

प्रथमा : मेरी, प्रेयसी मदरंगी के नाम से जानी जाती है।
द्वितीया : मुझे मदरंगी से प्यार है।
तृतीया : मदरंगी के कारण मैं जीवित हूँ।
चतुर्थी : मेरा प्रेम बस मदरंगी के लिए आरक्षित है।
पंचमी : मैं मदरंगी से बिछुड़ा हुआ हूँ।
षष्ठी : मैं मदरंगी का भक्त हूँ।
सप्तमी : मेरा दिल मदरंगी में बसा है।
सम्बोधन : हे मदरंगी, मेरी रक्षा करो।

...क्यों? पसन्द आया?

संजीव : वाह कमाल है! बुढऊ, तुम ऐसे तड़प रहे हो जैसे कामदेव ने अपने सारे वाणों से तुम्हें बेध दिया है।

मदन : ओफ्ओ, दोबारा मुझे बुड्ढा मत कहना। मदरंगी भी कहती है कि मैं बुड्ढा नहीं हूँ।

संजीव : वह औरत तुम्हें क्या कहकर पुकारती है?

मदन : अरे उसके लिए औरत जैसे शब्द का इस्तेमाल मत करो। वह देवी है देवी। तुम्हें पता है, जब से मैंने उसे देखा है, मुझे अपनी पहले की बीवियों को सोचकर इतनी नफरत और ऊब होती है कि क्या बताऊँ! मुँह बेस्वाद हो जाता है। अपने मुँह पर थूकता हूँ जब मैं याद करता हूँ कि मैं उन खूसट बूढ़ियों के साथ इतने दिन रहता रहा।

संजीव : *(हँसता हुआ)* अपनी बीवियों से इतनी नफ़रत?

मदन : वैद्यजी, आप जैसे कुँवारे बीवियों के बारे में क्या जानें! उनकी बहानेबाजियाँ, उनके ढोंग-ढकोसले, बेवफाई, धोखेबाजी, हर बात पर हाथ धोकर पीछे पड़ जाना...उफ्फ! आपको एक वाक्य में बताऊँ? उनकी दुष्टबुद्धि, कमीनगी, खुदगर्ज़ी, उनकी बेरहमी, उनकी चंचलमति, उनका झूठ-फरेब, उनके घड़ियाली आँसू, उनकी चालाकियाँ, उनकी बकबक, उनकी...

संजीव : क्या मदरंगी ने आपको यह सब सिखाया?

मदन : नहीं बेटे, तुम उसे जानते नहीं हो। क्या मैं तुम्हें उसके बारे में बताऊँ? कल्पना करो कि एक छोटी-सी लता चल रही हो, जैसे एक कोमल हरी-भरी बेल, जो जरा-सा हिलने-डुलने से ही थक जाये। इस बेल पर एक लाल कमल खिला है, और देखो उस लाल कमल के अन्दर दो नीले कमल खिले हैं।

संजीव : श्रीमान जी, अव्वल तो बेल चलती नहीं, यह पहला झूठ है; दूसरा झूठ है कमल कभी बेल पर नहीं खिलता और अगर खिले भी तो क्या आप कल्पना कर सकते हैं लाल कमल के अन्दर दो नीले कमल की। च्च-च्च...

मदन : अरे भाई मैंने तो सिर्फ ऐसे कल्पना करने को कहा था।

संजीव : महाशय, आपने जैसा वर्णन किया है, वैसी स्त्री की कल्पना भी भयावह है।

मदन : ओफ्ओ, क्या सारे वैद्य ऐसे नीरस जड़मति होते हैं?...मेरे बेटे, जैसा तुम सोच रहे हो वैसा नहीं है, चलती हुई लता का मतलब मदरंगी की देह लता की तरह है—लाल कमल उसका चेहरा है। और उस लाल कमल में दो नीले कमल उसकी

आँखें हैं। अब तुम्हें समझ में आया?

संजीव : लेकिन इससे भी मेरे मन का भय गया नहीं। यह लो तुम्हारी दवा तैयार है। दिन में तीन बार नौ दिन लेना, उसके बाद ही मदरंगी के पास फटकना।

मदन : इसका यह मतलब हुआ कि यह वह दवा है जिससे मेरी जवानी लौट आएगी। वह...

संजीव : हाँ वही है। अब तो कम-से-कम मेरे पिता के बारे में मुझे बताओ।

मदन : लेकिन तुमने मेरे सवाल का जवाब नहीं दिया।

संजीव : किस सवाल का?

मदन : तुम अगर एक बार दवा देते हो तो मरीज जरूर ठीक हो जाता है—लोग ऐसा ही विश्वास करते हैं न? लेकिन वह बूढ़ा मारा तुम्हारी दवा लिये बग़ैर ही चला गया, यह बड़बड़ाता हुआ कि माई ने उसे असीस दे ही दी। ऐसा क्यों?

संजीव : *(छोटा पड़ता हुआ)* इस सवाल का जवाब तुम्हें मारा से ही मिल सकता है।

मदन : ठीक है, तो पहले यह बताओ कि चार-चार बार बुलाये जाने पर भी तुम अब तक राजमहल क्यों नहीं गये?

संजीव : मुझे कोई सन्देसा नहीं मिला। तुम राजविदूषक हो, शायद तुम्हें ही बुलवाया होगा। इसलिए मुझे नहीं, तुम्हें वहाँ जाना चाहिए।

मदन : तो मैं आपसे एक छोटी-सी प्रार्थना करूँ?

संजीव : हाँ, कहो।

मदन : राजकुमारी एक अनजाने रोग से पीड़ित हैं। पूरा देश यही विश्वास करता है कि एक आप ही उसे ठीक कर सकते हैं। वैद्यजी, आप कृपया मेरे साथ चलेंगे?

संजीव : अरे, तुमने मुझे पहले यह सब क्यों नहीं बताया? चलो मैं तुरन्त ही चलता हूँ।

(वह अपना साजो-सामान उठाने लगता है, तभी गिरिमल्लिगे प्रवेश करती है)

गिरिमल्लिगे : संजीव, तुम्हारी माँ तुम्हें बुला रही हैं।

संजीव : *(मदन से)* जरा ठहरो, मैं अभी तुम्हारे साथ चलता हूँ।

(गिरिमल्लिगे और संजीव अन्दर चले जाते हैं। थोड़ी देर बाद गिरिमल्लिगे अकेली वापस आती है।)

गिरिमल्लिगे : वैद्यजी ने कहा है वह नहीं आ पाएँगे। तुम जा सकते हो।

(मदन कुछ देर असमंजस में वहीं खड़ा रहता है। अस्फुट शब्दों में कुछ कहता है, फिर चला जाता है)

सेडूमारी : प्रतिशोध की देवी

[राजमहल में एक तरफ बीमार राजकुमारी है, दूसरी ओर राजा और उसके मन्त्री। वे चिन्तित दिखते हैं। प्रतिशोध की देवी प्रवेश करती हैं]

सेडूमारी : गजब की बात है! न कोई आग है बाहर, न कोई अर्थी नजर आती है, न रोना न धोना। अभी तक राजकुमारी नहीं मरी क्या? मैंने सोचा था शोक मनाने वालों की भीड़ लग गयी होगी, शोकगीत गाती हुई स्त्रियों का झुंड लग गया होगा। पर वैसा कुछ भी तो नहीं देखती हूँ, कोई नहीं है यहाँ, न भूत न प्रेतात्माएँ, जिनसे कुछ पूछ सकूँ, कुछ पता लगा सकूँ। लो देखो, पुष्पगन्धी आ रही है। (*राजकुमारी की दासी पुष्पगन्धी आती है*) कैसी हो बहना? मुझे इस तरह घूर क्यों रही हो? पहचान नहीं रही हो मुझे? क्या हम पहले भी इसी जगह नहीं मिले हैं?

पुष्पगन्धी : मैंने तुम्हें कहीं भी, कभी भी नहीं देखा। कौन हो तुम?

सेडूमारी : मैं स्वर्गीय रानी की सहेली हूँ। आज राजकुमारी का देहान्त हो जाना था, नहीं?

पुष्पगन्धी : चलो कोई तो मिला जो राजकुमारी की मौत चाहता है, तुम्हें मेरा प्रणाम। माता, जिस बात को फुसफुसाकर कहने से भी हम डरते हैं, वही बात तुमने ऊँची आवाज में कही, तुम्हारी हिम्मत की दाद देती हूँ। लेकिन एक बात बताओ, क्या तुम्हें कोई फायदा होने वाला है इस मौत से?

सेडूमारी : वाह, यह तो अच्छा मजाक है! मैं तो उसकी मौत पर अपनी हमदर्दी जतलाने आयी थी। और तुम हो कि मखौल उड़ा रही हो?

पुष्पगन्धी : सच ही। अगर मौत आये और उसकी जान ले जाये तो बेहतर होगा। सुनिश्चित मृत्यु के इन्तजार किये जाने से बढ़कर नरक यातना और क्या होगी! हममें से किसी ने भी राजकुमारी को आने वाली मौत के बारे कुछ भी नहीं बताया। लेकिन उसे असलीयत का पता है। फिर भी बहाना ऐसा बनाती है, जैसे उसे कुछ पता ही न हो। यह देखकर मेरा दिल फटा जाता है।

सेडूमारी : सुनो सुनो, क्या तुम्हें उसकी पायल की रुनझुन सुनाई दे रही है? लो यह आ रही है दुल्हन, नयी साड़ी में लिपटी हुई, माथे पर सिन्दूर और चन्दन का टीका लगाये।

पुष्पगन्धी : कितनी अनिष्टकारी जीव हो तुम? यहाँ से बाहर जाती हो या बुलाऊँ किसी को, जो तुम्हें निकाल बाहर करे? कोई है?

सेडूमारी : क्या तुम नहीं चाहती हो कि ब्याह के लिए मेहमान आयें? मैं तो बिन बुलाये ही यहाँ आ पहुँची थी और तुम हो कि मुझे खदेड़ने लग पड़ी?

(एक सेवक का प्रवेश)

पुष्पगन्धी : इसको गर्दन से पकड़ कर धक्के देकर बाहर निकाल दो।

(इससे पहले कि सेवक उसके बदन पर हाथ लगाये सेडूमारी भागकर बाहर चली जाती है। जैसा सेडूमारी ने वर्णन किया था, वैसे ही साजश्रृंगार के साथ राजकुमारी प्रवेश करती है लेकिन चेहरा बीमार और कुम्हलाया दिखता है।)

पुष्पगन्धी : राजकुमारी, क्या बुखार उतर गया?

राजकुमारी : मेरे मरने पर ही अब यह बुखार उतरेगा।

पुष्पगन्धी : तो फिर यह नयी साड़ी?

राजकुमारी : पुष्पगन्धी, कल रात मुझे एक बहुत डरावना सपना आया। यही कि मैंने दुल्हन का साज-श्रृंगार किया है, लेकिन साड़ी पुरानी है। राजमहल, पुजारी का घर, पूरा शहर फूल-पत्तों से सजा था लेकिन मेरे पिता ने और तुमने, और भी सब जवान-बूढ़े हर किसी ने पुराने कपड़े पहने हुए थे। जब मैंने आँखें ऊपर उठायीं यह देखने के लिए कि दूल्हा कौन है तो देखा कि

दूल्हा तो फटे चीथड़े पहना हुआ एक भिखारी है। बस इसीलिए, जैसे इस सपने से बदला लेने के लिए ही मैंने आज यह नयी साड़ी पहन ली है।

पुष्पगन्धी : *(खुशी से भरकर)* लेकिन राजकुमारी, यह तो एक शुभ सपना हुआ।

राजकुमारी : क्यों मुझे बरगलाती हो? तुम्हें हो क्या गया है? मेरे मृत्यु के दिन भी तुम मुझसे सच नहीं बोलोगी, यह मैं जानती हूँ। ज्योतिषि ने कहा है न कि आज मैं मर जाऊँगी। क्या यह सच नहीं है? मेरी सौगन्ध खाकर सच बोलो।

पुष्पगन्धी : राजकुमारी, हाँ यही सच है।

राजकुमारी : मैं अपनी माँ की तस्वीर के सामने थोड़ी देर अकेले बैठना चाहती हूँ। अपनी जिन्दगी के आखिरी दिन उनसे प्रार्थना करना चाहती हूँ। क्या तुम मुझे ऐसा करने दोगी?

पुष्पगन्धी : लेकिन महाराज...

राजकुमारी : मैं जानती हूँ सखी, कि महाराज ने तुम्हें हुक्म दिया है कि तुम मेरा साथ कभी न छोड़ो। सच है न? तो फिर तुम कमरे से बाहर ही रहो। जब तक मैं न बुलाऊँ, अपना चेहरा मुझे मत दिखाना।

(पुष्पगन्धी बाहर चली जाती है। राजकुमारी दूसरी ओर प्रस्थान करती है। मंच के दूसरे हिस्से में राजा और मन्त्री दिखाई देते हैं।)

राजा : मन्त्री, वैद्य संजीव शिव आया ही नहीं। आया क्या?

मन्त्री : महाराज, देश के सभी वैद्य यहाँ हैं। वे हरपल इस इन्तजार में हैं कि जो जानलेवा बीमारी राजकुमारी को लगी है, उसे दूर करें। राजकुमारी दीर्घायु हों। प्रदेश के हर मन्दिर में पूजा हो रही है, प्रतिदिन तीन बार। ऋषि-मुनिगण अपने आश्रमों में हवन और प्रार्थना कर रहे हैं, ताकि मृत्यु को दूर भगाया जा सके। महाराज, हम पूरी नजर रख रहे हैं कि जो लोग राजकुमारी के लिए प्रार्थना कर रहे हैं, उन्हें किसी चीज की कमी न हो।

राजा : लेकिन मैंने तुमसे संजीव शिव की बात पूछी है।

मन्त्री : क्षमा करें महाराज, जो लोग उसे जबरदस्ती लाने गये थे, वे भी खाली हाथ लौट आये हैं।

राजा : फिर चलो, हम स्वयं वहाँ चलते हैं।

मन्त्री : मैंने चार बार उसे लाने के लिए आदमी भेजे। जब वे वहाँ जाते हैं तो वह वहाँ नहीं होता। जब वे उसे ढूँढ़ते हैं तो मिलता ही नहीं। अगर पूछो कि वह कहाँ है तो वे कहते हैं कि वह जंगल की ओर गया है। जो भी वहाँ मौजूद होते हैं, लगता है सबको किसी ने जादू-टोना कर दिया है और वे हमसे कन्नी काटते हैं। सिर्फ एक ही आदमी उससे बातचीत कर पाया है वह है हमारा राजविदूषक। वह बाहर खड़ा इन्तजार कर रहा है। आपकी आज्ञा हो तो उसे बुलाऊँ?

राजा : हाँ हाँ, तुरन्त बुलाओ।

(मन्त्री नौकर को इशारा करता है। विदूषक प्रवेश करता है)

मन्त्री : विदूषक बताओ, संजीव शिव ने क्या कहा, जब तुमने उसे राजकुमारी की बीमारी के बारे में बतलाया?

मदन : बड़ा अजीब-सा अनुभव था, महाराज। जहाँ तक मैंने वहाँ जाकर अनुभव किया, उसकी माँ स्वयं देवी शेटिवी हैं, मृत्यु की अधिष्ठात्री देवी।

राजा : अच्छा!

मदन : महाराज इसमें तो कोई शक नहीं। मैंने उसके बारे में सबकुछ पता लगा लिया है। वह अपनी माँ की आज्ञा के बिना दवाई नहीं दे सकता। मुझे और मारा को माँ का आशीर्वाद मिला, ऐसा मारा ने कहा। इसीलिए उसने हमें दवा दे दी। मैंने चलने से पहले उसे आपका सन्देश दिया और राजकुमारी की बीमारी के बारे में बताया। हैरानी की बात है कि उसे इसके बारे में कुछ भी नहीं मालूम था। वह बेहद परेशान था कि उसे इस बारे में पहले क्यों नहीं सूचित किया गया। एक सच्चे वैद्य की तरह वह तुरन्त मेरे साथ चलने को तैयार हो गया। लेकिन तभी दासी आयी और उसने कहा कि संजीव की माँ उससे मिलना चाहती हैं। 'मैं अभी आया' कहकर वह अन्दर चला

गया, लेकिन बाद में उसने उसी दासी से यह सन्देसा भिजवाया कि वह आ नहीं पाएगा। उसकी माँ कहाँ थी, कैसी थी, मैंने नहीं देखा। महाराज, जब मैंने झाँककर देखा तो चारों ओर घुप्प अँधेरा था। ऐसी जगह कोई रह नहीं सकता। लेकिन जब मैं लौट रहा था, मैंने एक चील को देखा जो महल की ओर उड़ा चला आ रहा था और फिर महल के ऊपर आकर बैठ गया था। महाराज, यह दूसरे पक्षियों जैसा नहीं था। हममें से किसी ने भी ऐसा पक्षी नहीं देखा होगा। कैसे तो पंख थे, कैसी चोंच और कैसी गर्दन और कैसी तो चमकीली आँखें! जब यह चील उड़ रहा था तो लगा जैसे उसके दोनों पंख दोनों दिगन्तों को छू रहे हों। मैं तो वहाँ से सरपट भागा, अगर आप इजाजत दें, एक बात कहूँ...

राजा : कहो।

मदन : जिसने आपका सन्देश उस तक नहीं पहुँचाया, जिसने उसे यहाँ आने से रोका, वह और कोई नहीं, बल्कि स्वयं उसकी माँ है। मेरी मानिए तो उसके आने की उम्मीद अब छोड़ ही दीजिए। लेकिन अगर आप ठान ही बैठे हैं तो...

राजा : चलो एक बार और आखिरी कोशिश करके देखते हैं।

पुष्पगन्धी : *(तेजी से प्रवेश करके)* महाराज, राजकुमारी का कहीं पता नहीं लग रहा। सब जगह ढूँढ़ चुके, वे कहीं नहीं मिलीं।

राजा : कोई है? जाओ ढूँढ़ो, राजकुमारी का पता लगाओ।

माई की पहाड़ी

[एक पहाड़ी की चोटी जिसके नीचे एक गुफा है। संजीव शिव अपने हाथों में जड़ी-बूटियाँ लिये हिरण के बच्चे के साथ प्रवेश करता है। वह चोटी की ओर अचम्भे से ताकता है। तभी मारा का प्रवेश।]

मारा : नमस्ते सिरिमानजी।

संजीव : नमस्ते। *(फिर पहचानने की कोशिश कर)* तुम एक बार मेरे दवाखाने आये थे न?

मारा : जी हाँ, मेरा नाम मारा है। आपको यहाँ देखकर चला आया।

संजीव : हाँ, मैंने भी यही सोचा था। कैसे हो तुम मारा?

मारा : सब चल रहा है।

संजीव : क्या यही माई की पहाड़ी है?

मारा : जी हाँ।

संजीव : कैसी डरावनी चोटी है! वह चोटी और उसके नीचे गुफा। दूर से ऐसा लगता है जैसे कोई बहुत बड़ा जानवर हो जो इस जगह को निगलने के लिए मुँह फाड़े तैयार है। ओफ मारा, इसके अन्दर क्या है?

मारा : सिरिमान, मुझसे इसके बारे में मत पूछिए। किसी को नहीं मालूम कि गुफा के अन्दर क्या है! यह एक डरावनी काली खोह है। जो भी अन्दर गया वह कभी बाहर नहीं आया, चाहे वह मनुष्य हो या जानवर। यहाँ तक कि अन्दर गयी आवाज और रोशनी भी बाहर नहीं आती। लेकिन यह जगह सड़े-गले-मृत जानवरों और भी कई चीजों की भयंकर दुर्गन्ध से भरी है। अगर गुफा के पास भी चले जाएँगे तो आपकी नाक

बदबू के मारे सड़ जाएगी। अमावस की रात को गुफा के अन्दर जो हलचल मचती है, उसका आप अन्दाजा नहीं लगा सकते। एक भयंकर अन्धड़ गुफा के अन्दर से उमड़ता-घुमड़ता हुआ बाहर को निकलता है। चारों ओर तबाही मच जाती है, पेड़ जड़-मूल से उखड़ जाते हैं। छोटे-बड़े प्राणी—चींटी से लेकर हाथी तक सब हैरान-परेशान हो जाते हैं और गुफा के द्वार की ओर भागते हैं। कब्रें खुल जाती हैं, और ताजे गड़े मुर्दे उठकर चीखते-चिल्लाते गुफा में घुस पड़ते हैं। एक बार हमें लगा कि शायद बारिश हो रही है, लेकिन हमने देखा कि हमारे ऊपर खून की बूँदें बरस रही हैं।

संजीव : क्या तुम यह सब अपने तजुर्बे से कह रहे हो या इसके बारे में तुमने किसी और से सुना है?

मारा : सिरिमान, आपको बताया था कि मैंने खुद अपनी आँखों से यह सब देखा है।

संजीव : क्या तुम पहले कभी माई से मिल चुके हो?

मारा : हाँ मिल चुका हूँ।... तब मैं जवान था। कब्र खोदना हमारा पुश्तैनी पेशा है। लेकिन मेरी माँ कब्र खोदने के काम से डरती-सहमती थी, मुझे कब्रिस्तान के पास भी फटकने नहीं देती थी। लेकिन ऐसे परिवार में जन्म लेकर मैं इस पेशे से दूर कैसे रह सकता था? सो मैं अपनी माँ को बिना बताये ही कब्रें खोदने लगा। ऐसे ही दिन बीतते रहे और एक दिन मेरी शादी हो गयी। फिर उसके बाद एक बेटी भी हो गयी। अपनी पत्नी के गुजर जाने के बाद मेरा मन घर-गृहस्थी से उखड़ गया। एक शाम मैं थका हुआ था, सो यहीं एक कब्र से टिक कर बैठ गया और पता नहीं कब आँख लग गयी। माई ने मुझे सोते हुए देखा और पुकारा—'मारा'। मैं हड़बड़ा कर जाग गया और देखा तो आधी रात हो चुकी थी। वह मुझ पर नाराज होने लगीं कि मैं अपने घर को बिल्कुल भूल गया और यहाँ आ गया। माई के साथ चलते-चलते मैं बड़बड़ाते हुए बोला—माँ, मुझे पता ही नहीं चला कब मुझे नींद आ गयी। माई ने

मुझे मीट और चावल खाने को दिया। मैं भूख से बेहाल, बिना कुछ सोचे-देखे गपागप खाता गया। जब मैंने आँखें उठाकर देखा तो अपने आपको ऐसी जगह पाया जहाँ का नाम सुनते ही शिवपुरा के लोग थरथर काँपते हैं। मैं पहाड़ी के नीचे गुफा में था। वहाँ कुछ भी ऐसा नहीं था जिससे किसी को डर लगे। 'माँ, गाँववाले इस गुफा से इतना डरते क्यों हैं?' मैंने माई से पूछा। वे सिर्फ मुस्करा दीं। 'तुम्हारी बेटी कैसी है?' उन्होंने पूछा। 'वह ठीक है माँ...' मैंने कहा। 'उसे कल यहाँ ले आना।' उन्होंने कहा। मैं बोला, 'अच्छा' और चला आया। जैसे ही मैंने गुफा के बाहर कदम रखा, मुझे याद आया, मेरी माँ को तो मरे दस साल बीत गये हैं। अपनी साड़ी के अन्दर माँ खोखली थीं। मैं हैरान था कि यह कौन थी? यह कतई मेरी माँ नहीं हो सकती। मैं बेहद डर गया और पसीने से तरबतर हो गया। यहाँ तक कि जहाँ मैं खड़ा था, पसीने से वहाँ की जमीन भीगने लगी। सुबह मैंने अपनी बेटी को जगाया...लेकिन...लेकिन वह अपनी माँ के पास पहुँच चुकी थी। *(एक गहरी साँस भरते हुए)* उस दिन से लेकर आज तक मेरे लिए यह एक पहेली ही बनी रही कि सपने में देखी वह औरत आखिर थी कौन? कल जब वह तुम्हारे दवाखाने में दिखी तो मुझे विश्वास हो गया कि यह शेटिवी माई ही थीं, जो उस दिन मेरे सपने में आयी थीं।

संजीव : हाँ, अब मुझे याद आया कि दरअसल मैं तुमसे क्या पूछना चाहता था। मारा, तुमने उस दिन कहा था कि मुझे माई का आशीर्वाद मिला है, मैं खुद जड़ी-बूटियाँ उबाल कर अपनी दवा बना लूँगा। और तुम मेरी दवा लिये बिना ही चले गये। इसका मतलब तो यही हुआ कि अगर माई का आशीर्वाद मिल जाय तो फिर किसी को मेरी दवा की जरूरत नहीं?

मारा : सिरिमान, आप बहुत बड़े बैद हैं—और माई बैद-बैदकों की देवी हैं। क्या आप भी इसका इन्तजार नहीं कर रहे थे कि आपको उनका आशीर्वाद मिले? इससे आपके पेशे का अपमान

तो नहीं होता? है न? इसके अलावा उस दिन मुझे इस बात का बुरा लगा था कि माई ने बच्चे को आशीष देने से इंकार कर दिया।

संजीव : लेकिन इसका यह मतलब नहीं है कि जिसे माई का आशीर्वाद मिला हो उसकी बीमारी ठीक हो जाती है, चाहे मैं गलत दवा ही क्यों न दूँ?

मारा : लेकिन आप कभी गलत दवा देंगे ही नहीं।

संजीव : क्यों नहीं दे सकता?

मारा : क्योंकि आप महामाई के बेटे हैं। ओह, लगता है महल का बिगुल बज रहा है—मैं चलता हूँ।

(चला जाता है— गुफा के अन्दर से एक गीत की आवाज सुनाई देती है; 'शुभ कहो और इसे आशीर्वाद दो इसे अच्छी चीजों के लिए, आशीर्वाद दो। इस अनोखी सुनहरी, सुन्दर राजकुमारी को आशीष दो।')

संजीव : अरे देखो, गुफा के अन्दर से एक बूढ़ी औरत निकल रही है। *(बूढ़ी से)* अरी ओ दादी, क्या तुम गुफा के अन्दर से आयी हो?

बूढ़ी : हाँ क्यों, तुमने मुझे निकलते हुए नहीं देखा?

संजीव : लेकिन लोग कहते हैं कि जो एकबार गुफा के अन्दर जाता है, वह बाहर कभी नहीं आता।

बूढ़ी : हाँ, यह तो सही है। मैं तो खूसट बूढ़ी हूँ! क्या कहूँ मौत भी मुझे हाथ लगाने से कतराती है। लेकिन तुम जैसों को इस गुफा के अन्दर कभी नहीं जाना चाहिए।

संजीव : दादी, अन्दर का मतलब क्या है?

बूढ़ी : यह तो किसी को नहीं पता। हर कोई अलग-अलग अन्दाजा लगाता रहता है कि जाने अन्दर क्या-क्या होगा। यह एक बहुत बड़ा रहस्य है, जो कोई भी सुलझा नहीं पाया। कोई कहता है कि यह गुफा रोशनी और अँधेरे का आखिरी पड़ाव है। मुझे तो यह सब समझ नहीं आता। क्या तुम शेटिवी माई के बेटे नहीं हो, जो शिवपुरी में रहती है?

संजीव : हाँ।

बूढ़ी : फिर तुम यहाँ क्यों आये हो?

संजीव : मैं जड़ी-बूटियाँ ढूँढ़ता हुआ इधर आया था। तुम अन्दर क्यों गयी थीं?

बूढ़ी : तुम जो चीज खोने वाले हो, उसे ढूँढ़ने।

संजीव : लेकिन मैंने तो अभी तक कुछ खोया नहीं?

बूढ़ी : तुम्हें बाद में इसका पता चलेगा। मैं तो वह चीज ढूँढ़ रही थी जो तुम्हें ढूँढ़ने पर भी नहीं मिलेगी। जानने के बाद तुम उसे खो दोगे। अरे देखो, यह आ रही दुल्हन।...अच्छा तो इस खेल में तुम सिर्फ अपनी ही भूमिका निभाना, उसकी भूमिका मत निभाने लगना।

(बाहर चली जाती है। संजीव शिव परेशान-सा खड़ा रहता है। राजकुमारी प्रवेश करती है। वह बहुत जल्दी में है। वह गुफा की ओर भागने लगती है, मानो उसे गुफा अन्दर खींच रही हो। संजीव उसके पीछे भागता है।)

संजीव : अरे सुनो, रुक जाओ। गुफा के अन्दर न जाओ। मैं कहता हूँ, रुक जाओ।

(लेकिन राजकुमारी गुफा के अन्दर जाने पर अड़ी रहती है, संजीव के कहे पर ध्यान नहीं देती। अचानक दौड़कर संजीव आगे आता है और रास्ता रोककर खड़ा हो जाता है।)

संजीव : कौन हो तुम? क्या हो गया तुम्हें? मैं क्या कह रहा हूँ, तुमने सुना नहीं? मत जाओ वहाँ।

राजकुमारी : मैं वहाँ क्यों न जाऊँ?

संजीव : वह जगह बहुत खतरनाक है। *(हाँफते हुए)* एक बार जो अन्दर जाता है, वह फिर कभी बाहर नहीं आता।

राजकुमारी : तुमने ठीक कहा, मैं इसीलिए अन्दर जा रही हूँ ताकि मैं बाहर न आ सकूँ।

संजीव : आखिर तुम चाहती क्या हो?

राजकुमारी : मरना, मतलब अपनी जिन्दगी को खत्म कर देना।

संजीव : क्या हुआ है तुमको? तुम क्यों मरना चाहती हो?

राजकुमारी : क्या आपको दिखाई नहीं देता? मेरा चेहरा जर्द पड़ गया है। होठ सूखकर पपड़ा गये हैं, आँखों की रोशनी गायब हो गयी है। हड्डियों की गठरी-सी लगती हूँ। क्या मरने के लिए इतनी वजह काफी नहीं है? पन्द्रह दिन हो गये, इस बुखार से पीछा नहीं छूट रहा। मैं इस जिन्दगी से थक गयी हूँ। बस इसीलिए मरना चाहती हूँ। अब तो आपको मेरे मरने पर कोई एतराज नहीं है न, बताइए?

(वह फिर आगे बढ़ने लगती है। उसे रोकने के लिए संजीव शिव उसकी कलाई पकड़ लेता है। और तुरन्त उसकी नब्ज देखने लगता है। वह भी सहयोग देती है। वे बातें करते हैं, लेकिन संजीव अनमना है, क्योंकि वह रोग का पता लगाने में मगन है।)

संजीव : क्यों, तुम्हारी बीमारी ठीक करने के लिए किसी वैद्य को नहीं बुलाया गया?

राजकुमारी : मैंने सुना है एक वैद्य है, नाम है उसका संजीव शिव। उसे कई बार बुलवाया गया। लेकिन वह नहीं आया। शायद मेरी किस्मत में जिन्दा रहना नहीं लिक्खा है। यह भी हो सकता है, उसे अपने एक बहुत बड़े वैद्य होने का घमंड हो। दूसरे जो वैद्य हैं, वे मेरी बीमारी का पता ही नहीं लगा पाते।

संजीव : क्या आपके परिजन जानते हैं कि आप यहाँ आयी हैं?

राजकुमारी : आप क्या सोचते हैं कि अगर उन्हें मालूम होता तो वे मुझे यों ही मर जाने को भेज देते? अगर आज मेरी माँ जिन्दा होतीं तो बात अलग थी। लेकिन पिता और नौकर-चाकर तो सिर्फ रो ही सकते हैं और सोग मना सकते हैं। मुझे वह सब नहीं चाहिए। बस, इसलिए मैंने तय किया कि मैं मर जाऊँगी और यहाँ आ गयी।

संजीव : वाह क्या बात है!

राजकुमारी : मुझे मालूम था कि आप इस हरकत को जरूर सराहेंगे। लेकिन जैसा कि अब तक आप जान चुके होंगे, मैं सिर्फ आपकी प्रशंसा पाने के लिए मरना नहीं चाहती।

संजीव : तो फिर तुम मर किस लिए रही हो?

राजकुमारी : ओफ्‌ओ, कितनी बार आपको बताऊँ! मैं इसलिए मरना चाहती हूँ क्योंकि मेरे शरीर का पोर-पोर दुखता है और किसी दवा से कोई फायदा नहीं होता। जो अपनी जिन्दगी से बेजार हो गयी हो, वह तो भला जिये कैसे?

संजीव : क्या मैं तुम्हारी कोई मदद कर सकता हूँ?

राजकुमारी : मुझे किसी की मदद नहीं चाहिए। मैं एक राजकुमारी हूँ और योद्धाओं के परिवार में मेरा जन्म हुआ है। अकेले मर सकने की हिम्मत और हौसला है मुझमें।

संजीव : क्या आप ही राजकुमारी हैं?

राजकुमारी : हाँ श्रीमान, क्या अब मुझे मरने की इजाजत देंगे?

संजीव : आपको अकेले मरने से डर नहीं लगता?

(इसी समय वह बूढ़ी औरत जिसे हमने पहले देखा था, प्रवेश करती है।)

बूढ़ी : तुम डरती क्यों हो? वह जो गुफा देख रही हो न, उसके अन्दर चली जाओ—बस तुम्हारा दुख-दर्द सब दूर हो जाएगा।

राजकुमारी : लेकिन मैं तो दो कदम भी चल नहीं सकती। देखो, ये काँटे मेरे पाँवों में चुभ रहे हैं और मेरे तलुवे लहुलुहान हो रहे हैं। मेरा सारा खून अगर ऐसे ही बह जाये और मैं मर जाऊँ तो भी मुझे कोई परवाह नहीं—अब मैं किसी चीज से डरती नहीं।

बूढ़ी : तुम तो धुन की पक्की किसी योद्धा की तरह बोल रही हो।

राजकुमारी : तुम मेरे हाथों को ऐसे क्यों मरोड़ रही हो?

संजीव : अपनी जुबान दिखाओ, देखूँ जरा....

राजकुमारी : *(मुँह खोलकर जुबान दिखाती है)* आ... क्या तुम वैद्य हो?

संजीव : हाँ, अपनी आँखें चौड़ी करो?

राजकुमारी : लो ठीक है। तुम जैसे हजारों वैद्य देखे हैं मैने। मैं गुफा तक चल कर नहीं जा पाऊँगी। ऐसी कोई दवा अगर तुम्हारे पास है जिसे खाकर मैं यही मार जाऊँ तो कृपा कर वह मुझे दे दो।

संजीव : फाँसी लगाने से चलेगा?

राजकुमारी : कुछ भी चलेगा। बस मुझे जल्दी से दे दो।

(संजीव अपने झोले से एक औषधि की बेल निकालता

है। जब वह इसको राजकुमारी की गर्दन में लपेट रहा था तो बूढ़ी आगे बढ़ती है और राजकुमारी की बायीं ओर खड़ी हो जाती है।)

बूढ़ी : नहीं-नहीं, राजकुमारी को इसे अपनी गर्दन पर मत लपेटने दो।

संजीव : *(बेल को बाँधकर)* राजकुमारी, मैंने तुम्हारी गर्दन पर यह बेल ऐसे बाँध दी है जैसे फाँसी का फन्दा। यह राजकुमार की तरह तुम्हारी गर्दन से सदैव लिपटा रहेगा और अपनी जकड़ कसता रहेगा, मानो तुमसे प्यार कर रहा हो। जब तक तुम्हारा दम न घुट जाए यह नहीं खुलेगा। कहो, अब तो खुश हो?

बूढ़ी : संजीव शिव, तुम्हारी माँ गुस्से से उबल रही हैं। वह चाहती हैं कि तुम तुरन्त घर आ जाओ।

संजीव : अच्छा, मैं अभी आया।

राजकुमारी : *(खुशी से इतराकर)* क्या तुम ही वैद्य संजीव शिव हो?

संजीव : हाँ।

राजकुमारी : यह बात मुझे पहले क्यों नहीं बतायी?

संजीव : आपने पूछा ही कहाँ?

बूढ़ी : बेटे, मैं तुम्हें कैसे समझाऊँ! तुम्हें इसकी बहुत बड़ी कीमत चुकानी पड़ेगी, याद रखना।

राजकुमारी : *(आनन्दित होकर)* क्या आपका वैद्यक ज्ञान इतना ज्यादा है कि अब भी आप मुझे बचा सकते हैं?

संजीव : हाँ, कम-से-कम इतना तो है ही।

राजकुमारी : तो क्या मैं सचमुच बच जाऊँगी?

संजीव : हाँ, अगर तुम मेरी बातें मान कर चलती रहो।

राजकुमारी : आपको ऐसा क्यों लगा कि मैं जी सकती हूँ?

संजीव : क्योंकि तुम एक बेवकूफ मरीज हो।

राजकुमारी : *(नाराज होकर)* अगर दोबारा आपने मुझे बेवकूफ कहा तो आपको पता है मैं क्या करूँगी?

संजीव : तुम एक बार फिर बेवकूफी कर रही हो।

राजकुमारी : कुछ कहूँ?...मेरा मन खुशी से भर गया।

संजीव : अब मैं कुछ कहूँ?....पहली बार किसी मरीज का मन किसी

वैद्य को देखकर खुशी से भर गया है। वर्ना तो जब लोग वैद्य को देखते हैं तो उनके भाव ऐसे होते हैं मानो यमराज को देख लिया हो।

राजकुमारी : जब मैं दूसरे वैद्यों को देखती हूँ तो मुझे भी ऐसा ही लगता है।

संजीव : *(अपने झोले से एक जड़ी और एक पत्ता निकालकर राजकुमारी को देते हुए)* अब इस जड़ी को चबाओ और निगल जाओ। इस पत्ते को अपनी हथेली पर मसल कर अपने गालों, हाथों और गर्दन पर लगाओ?

राजकुमारी : हाँ जरूर। *(वह ऐसा ही करती है)*

संजीव : राजकुमारी, अगर आप इजाजत दें तो एक ढिठाई करूँ?

राजकुमारी : हाँ हाँ, आपकी बातें सुनने में अच्छी लग रही हैं।

संजीव : *(थोड़ा ठहरकर)* आप बहुत सुन्दर हैं। मैंने ऐसी स्त्री नहीं देखी जो इतनी सुन्दर हो।

बूढ़ी : *(आजिज़ आकर)* संजीव, मैं जा रही हूँ, अब तुम अपना दुर्भाग्य झेलो।

(चली जाती है)

राजकुमारी : क्या आपको दिखाई नहीं देता कि बीमारी ने मुझे कैसे पस्त कर दिया है? अब तो मैं बूढ़ी लंगूर-सी दिखती हूँ। फिर भी आप कहते हैं कि मैं सुन्दर हूँ? कहीं मुझे चिढ़ा तो नहीं रहे? नहीं न? जाने क्यों मुझे ऐसा लगता है कि अगर आप मेरे साथ रहें तो मैं ठीक हो जाऊँगी। लेकिन डरती हूँ कि कहीं आप चले न जाएँ।

संजीव : निश्चिन्त रहो, अब जब तक तुम ठीक नहीं हो जाती, मैं तुम्हें छोड़कर कहीं नहीं जाऊँगा। *(अपने हाथों से उसका पसीना पोंछता हुआ)* लो, अब तुम्हारा चेहरा धुल गया है और उजला हो गया है। देखो तो बुखार उतरा कि नहीं?

राजकुमारी : *(उल्टी हथेली से ताप जाँचकर)* अरे बुखार तो सचमुच ही उतर गया! अब जरा भी बुखार नहीं है। क्या आप सचमुच मनुष्य हैं?

संजीव : क्यों? क्या मैं तुम्हें राक्षस-सा दिखाई देता हूँ?

राजकुमारी : नहीं, मुझे लगता है आप कोई देवता हैं।

संजीव : नहीं, मैं कोई देवता-वेवता नहीं हूँ, एक अदना-सा इंसान हूँ। इसलिए आप मुझे 'तुम' कह सकती हैं। मैं इंसान हूँ न, तभी तो माई ने कहा कि मुझे दुःख भोगना पड़ेगा।

राजकुमारी : कैसे? आपको...मेरा मतलब है तुम्हें क्या होगा?

संजीव : इस धरती के स्त्री-पुरुषों को जो कुछ भी भोगना पड़ता है—सुख, दुःख, शर्मिन्दगी, ऊब, ग्लानि—सभी कुछ झेलना पड़ेगा।

राजकुमारी : कितना अच्छा होता है यह सब भोगना-झेलना, है न? देखो न, पलक झपकते ही कैसे सबकुछ बदल गया! पूरी दुनिया कितनी खूबसूरत नजर आने लगी! ओह मैं कितनी खुश हूँ, खुशी के मारे मैं नाचना चाहती हूँ।

(वह नाचना शुरू कर देती है। तभी राजा अपने मन्त्री के साथ प्रवेश करते हैं। साथ में मदन तिलक, मारा और सैनिक हैं।)

सैनिक : महाराज, यह रहीं राजकुमारी। शायद यही वह आदमी होगा, जिसने उन्हें अगवा कर लिया होगा। फौरन इसे गिरफ्तार करने का हुक्म दीजिए।

मारा : महाराज, यही वैद्य संजीव शिव हैं।

(राजकुमारी दौड़कर संजीव शिव के पास चली जाती है और उसे बचाने के लिए दोनों हाथों को दायें-बायें फैलाकर उसके सामने खड़ी हो जाती है)

राजकुमारी : पिताजी, यह वैद्य संजीव शिव हैं। इन्होंने मेरा इलाज शुरू भी कर दिया है। देखिए, मेरा बुखार उतर गया है।

राजा : *(नजदीक जाकर बेटी का बुखार महसूसते हुए)* मुझे यकीन नहीं होता, लेकिन यह आश्चर्य घटित हो ही गया है। दो सप्ताह से जो बुखार उतरने का नाम नहीं ले रहा था, वह कपूर की तरह गायब हो गया और राजकुमारी अब पहले जैसी हो गयी हैं। मैं बहुत प्रसन्न हूँ।...*(संजीव से)* पहले जब मैंने तुम्हें जाने कितनी बार बुलाया तो तुम नहीं आये। अब तुम उससे मिले और खुद-ब-खुद उसका इलाज भी कर दिया। सचमुच हम बहुत भाग्यशाली हैं!...हमने तुम्हारी बहुत प्रशंसा सुनी थी। अब अपनी आँखों से देख भी रहे हैं।

संजीव : श्रीमान, मैंने अपना कर्तव्य निभाया है। मैं कल आऊँगा औ
राजकुमारी को देखूँगा।

राजा : बहुत अच्छा श्रीमान, राजकुमारी के साथ-साथ आपने हम
सबको भी अच्छे स्वास्थ्य और लम्बी आयु का आशीर्वाद दे
दिया। हम आपका यह उपकार कभी नहीं भूलेंगे।

राजकुमारी : (*संजीव से*) अगर वह बूढ़ी औरत राजमहल में आ धमके
फिर बोलो मैं क्या करूँगी?

संजीव : तुम्हें कुछ नहीं करना है, अपने खेल-कूद में मस्त रहना।

बिन माँ का बेटा

[रात दवाखाने में माई अकेली बैठी हैं। एक ओर नेत्रवती का शव पड़ा है। संजीव शिव सो नहीं पाता और वहाँ आता है]

संजीव : रात इतनी बीत गयी, अब कोई भी जगा हुआ नहीं है। मैंने सोचा तुम भी सो गयी होगी, माँ।

माँ : आँखों को नींद से भरने के लिए जिस शान्ति की जरूरत है, वह मेरे पास कहाँ? तुम भी तो सो नहीं पाये।

संजीव : माँ, मेरे प्यारे मृगछौने नेत्रवती का इस तरह मर जाना मैं कैसे भूल सकता हूँ! उसकी सुनहरे धब्बों वाली वह कोमल चमड़ी, आकाश को ताकती उसकी खुली आँखें। वह बाण जिसने उसके पेट और नाभि को बेध दिया था, उसके नीचे की धरती खून से भीग गयी थी। उस शिकारी की निष्ठुरता को भी माफ नहीं किया जा सकता, माँ।

माई : बेटे, मुझे भी बहुत दुःख हुआ।

संजीव : माँ, एक बात पूछूँ? नेत्रवती की मौत और राजकुमारी को गुफा में जाने से मेरे रोकने में कोई सम्बन्ध है क्या?

माई : अगर है भी तो यह तुम्हें पता होना चाहिए। तुम जो एक बहुत बड़े वैद्य हो, मरते हुओं को जिन्दगी देते हो...और जीते हुओं के प्राण छीन लेते हो।

संजीव : क्या तुम मुझसे नाराज हो माँ? क्योंकि मैंने बिना तुमसे सलाह लिये राजकुमारी का इलाज किया?

माई : जब तुम छोटे थे, तुम मेरी सलाह पर अमल करते थे, अब तुम बड़े आदमी हो गये हो। तुम अपनी माँ की परवाह न

कर उसकी आज्ञा की अवहेलना कर सकते हो। अपनी सफलता के गर्व से मंडित तुम्हें अब अपनी बूढ़ी माँ की क्या पड़ी है!

संजीव : तुम्हारे शब्दों के व्यंग्य बाण सीधे मेरे हृदय को छेद रहे हैं माँ, क्या मेरे लिए तुमसे बढ़कर प्रिय कोई दूसरा है! जब मैंने राजकुमारी को रोकने के लिए अपनी बाँहें फैलायीं, राजकुमारी जो गुफा की ओर दौड़ती चली जा रही थी जैसे कि गुफा उसे खींच रही हो, अचानक मैंने उसकी कलाई पकड़ ली और मेरा हाथ उसकी नब्ज पर पड़ गया। बिजली की चमक-सी मुझे उसकी बीमारी का राज पता चल गया। ठीक वैसे ही, जैसे एक कवि उस कविता को जान जाता है जो वह लिखने जा रहा है। माँ, मैं स्वीकार करता हूँ कि उस पल मेरे अन्दर एक खुशी की लहर दौड़ गयी, मैं आनन्द से सिहर उठा, एक गर्व की भावना से मन भर गया। नब्ज की धड़कन गर्मियों में बजने वाले ढोल की आवाज-सी मेरे कानों में बजने लगी। माँ, यह तुम्हारे आशीर्वाद की महान शक्ति ही तो है! जाने कितने दिनों से मुझे प्रतीक्षा थी कि इलाज का कोई नया तरीका ढूँढ़ निकालूँ। रोगी का मन प्रसन्न रहे, उसका अपने शरीर पर पूरा नियन्त्रण हो—बस यही है वह नया तरीका। इस तरीके को उसने इतनी जल्दी अपना लिया कि जब मैं उसकी नब्ज देख ही रहा था, उसका बुखार उतर गया।

माई : तुम्हारे इस सच में झूठ की मिलावट है, बेटे। तुम भूलने की बात करते हो? क्या उस बूढ़ी औरत ने आकर तुम्हें मेरी बात याद नहीं दिलायी थी? बोलो, जवाब दो।

संजीव : इतनी नाराज मत हो, माँ। जब भी तुम नाराज होती हो तो मुझे लगता है कि जैसे मुझे फिर से छोटा बच्चा बन जाना चाहिए जो तुम्हारी आज्ञा का पालन करेगा। मेरा जी करता है कि तुम्हें खुश करने के लिए तरह-तरह के खेल दिखाऊँ। आज से तुम शेटिवी माई ही बनी रहो। मैं अब बड़ा हो गया हूँ, दोबारा छोटा होना नहीं चाहता।

माई : तुमने मेरी बात का जवाब नहीं दिया, बेटे। इन झूठ के पुलिन्दों को खोल दो, और जो सच है उसे स्वीकार करो। रोगी क्यों

जिन्दा रहता है? माई के आशीर्वाद से या तुम्हारी दवा से? क्या तुमने यह परखना नहीं चाहा? क्या तुम्हारे मन की गहराई में यह बात नहीं छुपी थी कि माई का आशीष तो एक बहाना है? कि तुम्हारी औषधि की शक्ति माँ के आशीष से ज्यादा कारगर है?

संजीव : मेरे मन के सारे भेद तुम्हारे सामने खुल जाते हैं माँ। मैं कैसे तुमसे कुछ भी छुपा सकता हूँ? माँ, क्षमा करना, मैं उस दो सिर वाले 'गंडा वरुंडा' पक्षी की तरह हूँ जिसके दो मुँह विपरीत दिशा की ओर मुड़े हैं। एक तरफ मैं तुम्हें दिलासा देने की और दूसरी तरफ तुम्हारा मन जीतने की कोशिश कर रहा हूँ। मेरा एक चेहरा तुम्हें माँ कहता है और दूसरा तुम्हें दुश्मन कहता है। तुम एक को काट डालना चाहती हो और दूसरे को बनाये रखना चाहती हो। यह मेरा दुर्भाग्य है कि जिस सिर को भी तुम काटो, दूसरा अपने आप सड़ जाएगा। अब मुझे बताओ मैं क्या करूँ?

माई : माँ और शत्रु के बीच चुनाव तुम्हें करना है, मुझे नहीं। तुम्हारी दवा के बारे में मुझे एक ही बात कहनी है—यह सही है कि जिन्दा रहने के लिए दवा से मदद मिलती है, लेकिन दवा यह तय नहीं कर सकती कि अन्त क्या होगा! मानव-मन के अहंकार से भरपूर तुम सत्य को देख नहीं पा रहे हो।

संजीव : मैंने सचमुच इतनी गहराई से नहीं सोचा था, माँ। एक अकाल मृत्यु को रोकना ही जैसे मेरी पहली चिन्ता और प्राथमिकता हो चुकी थी और इस प्रेरणा से मैंने बिना तुम्हारी आज्ञा के राजकुमारी का इलाज किया।

माई : कौन-सी अकाल मृत्यु है कौन-सी नहीं, यह तय करने वाले तुम कौन होते हो? क्या तुम अपनी दवा से उसका भाग्य पलट सकते हो?

संजीव : तब क्या यही सच है कि मेरी दवा, इंसानी कोशिश—यह सब बेकार हैं?

माई : सत्य कहीं बहुत गहरे छिपा है, तुम्हारे ज्ञान में इतनी शक्ति

नहीं कि उस गहराई तक पहुँच पाये। सिर्फ दुखी होने के लिए ही दुख पाना कमजोरी की निशानी है।

हरा रंग, हरा ही क्यों है?

बूढ़े, बूढ़े क्यों हैं?

मौत, मौत जैसी क्यों है?

और जन्म, जन्म जैसा क्यों है?

—ऐसे तर्कों से क्या फायदा! क्या लोग या पशु मरते नहीं? क्या तुम्हारे माता-पिता नहीं मरे? तो इस राजकुमारी के ही मर जाने में कौन-सी खास बात है?

इस संसार में मृत्यु जीवन का साधारण परिणाम है। जब स्वयं मनुष्य ही मर जाता है तो प्रेम क्यों नहीं मरे? शरीर की तरह प्रेम भी जन्म लेता है और मर जाता है। अगर तुम एक किशोरी लड़की की बातों में आ गये तो यह समझो कि तुमने अपने को बहुत सस्ते में बेच दिया।

संजीव : हम दोनों की आपसी स्पर्धा और झगड़े के कारण राजकुमारी मौत के मुँह में चली जाए, यह ठीक नहीं माँ। सिर्फ एक बार मेरी दवा की लाज रख लो। अगर राजकुमारी ने कोई गलती की है तो उसकी सजा मुझे भुगतने दो।

माई : उसने तुममें कितना आत्मविश्वास भर दिया है! पहले छोटी से छोटी बीमारी के लिए तुम्हें माँ की मदद चाहिए होती थी। लेकिन अब उस छोकरी से मिलने के बाद तुम्हारे अन्दर मुझसे झगड़ने की, जिरह करने की जुर्रत पैदा हो गयी है। उँह, तुम्हारे बीमार राज्य की बीमार राजकुमारी! वह तुम्हें सोने-चाँदी से मढ़ सकती है।...और मैं? मैं तुम्हें क्या दे सकती हूँ? लेकिन बेटे, वह तुम्हें न तो लम्बी आयु दे सकती है और न कोई भविष्य।

संजीव : मुझे चाहिए ही क्या? रोशनी, बारिश और हरियाली है। इससे ज्यादा मैं क्या चाह सकता हूँ? मैं जो भी चाहूँ, वह सब मुझे देने के लिए तुम जो हो, माँ।

माई : तुम ये चापलूसी भरे शब्द सिर्फ मेरा अहं तुष्ट करने के लिए

कह रहे हो। लेकिन बेटे, मेरा कोई अहं नहीं है, इसलिए अपनी इस काव्य प्रतिभा को बेकार में जाया न करो। मेरी इजाजत के बिना राजकुमारी का इलाज करके तुमने भाग्य को चुनौती दी है। पहले उसका परिणाम भुगत लो।

संजीव : राजकुमारी का जीना–मरना तुम्हारे हाथों में है और मेरा जीना–मरना राजकुमारी के हाथों में है, है न? माँ, उसकी आँखों की रोशनी को मत बुझने दो!

माई : लगता है जैसे तुम नहीं, तुम्हारे होठों से वह बोल रही है। बेटे, ये सब किस्से–कहानियाँ हैं। ये प्रेम से शुरू होती हैं और बिस्तर पर जाकर खत्म हो जाती हैं। प्रेम प्रकाश नहीं, आग है। यह रोशनी नहीं देती, झुलसाती है।

संजीव : माँ, मैंने अपनी कहानी शुरू भी नहीं की और तुमने भला–बुरा कहना शुरू कर दिया!

माई : देखो, अच्छा होगा कि हम एक–दूसरे को धोखा न दें। बेटे सुनो, मैं माँ हूँ जिसने तुम्हें अब तक पाला–पोसा। अब एक बार, सिर्फ एक बार मुझे यह कह दो कि तुम्हें अब मेरी उतनी परवाह नहीं है जितनी इस लड़की की, जिससे तुम आज ही मिले हो। बस एक बार यह तय हो जाये, फिर इसके बारे में कोई बहसबाजी नहीं होगी।

संजीव : माँ, यह तुम कैसी बातें कर रही हो! क्या बिना माँ के कोई बेटा हो सकता है? मुझे तो लगता है, इतने वर्षों बाद आज पहली बार मैं अपनी माँ से मिल रहा हूँ।

माई : *(गुस्से से भरकर)* मूर्ख, क्या तुम यह कहना चाह रहे हो कि इतने वर्षों तक तुम अनाथ थे?

संजीव : *(गहरे दुःख से)* मेरी एक माँ हुआ करती थी जो मुझे प्यार करती थी, मुझ पर अपना स्नेह बरसाती थी। पेड़–पौधों, पंछियों की जुबानी मुझे लोरियाँ सुनाती थी, आकाश में रंग बिखेर देती थी और उन रंगों पर चित्र बनाती थी। वह कहाँ है अब?

माई : तुम्हें इतनी कोशिश करनी पडी बस यह जानने के लिए कि तुम्हारी माँ सिर्फ एक बेजान लकड़ी का टुकड़ा है? अगर तुम

मुझसे पूछते तो मैं तुम्हें खुद ही बता देती। एक औरत माँ कैसे बन सकती है, अगर वह इतना भी न करे तो? मैं सिर्फ हृदयहीन कंकाल हूँ।

संजीव : मेरे सुख हमेशा के लिए खो गये, माँ।

माई : नहीं, वे अब भी तुम्हारी मुट्ठी में बन्द हैं। तुम्हें अपनी मुट्ठी खोलकर देखना भर है। तुम्हारे पास यौवन है और इस धरती पर हजारों सुन्दरियाँ भरी पड़ी हैं। लेकिन पहले जाओ और जो गलती तुमने की है, उसे सुधारो।

संजीव : क्या मतलब?

माई : परसों अमावस है, उस दिन सूरज डूबने से पहले तुमने राजकुमारी के गले में जो औषधि की बेल बाँधी है, उसे खोल डालो।

संजीव : और अगर मैं ऐसा न करूँ तो?

माई : कोई इस तरह कूढ़मग़ज बने रहने की ज़िद कैसे कर सकता है! अगर तुम ऐसा नहीं करोगे तो दोनों के साथ उसका ब्याह हो जाएगा—तुम्हारे साथ और मौत के साथ। मैं नहीं चाहती कि तुम वह खूबसूरत नजारा देखो जिसमें ब्याह की बारात कब्रिस्तान की ओर बढ़ती है।

(पलटकर) गिरिमल्लिगे!

गिरिमल्लिगे : *(प्रवेश करते हुए)* जी माई।

माई : इस नेत्रवती की लाश को तुम फेंकती क्यों नहीं?

(माई अन्दर चली जाती हैं। संजीव शिव हैरान-सा खड़ा रहता है। गिरिमल्लिगे नेत्रवती की लाश को घसीटती हुई ले जाती है।)

मोर ने फैलाये अपने पंख

[राजमहल का उद्यान। राजकुमारी और पुष्पगन्धी]

राजकुमारी : पुष्पगन्धी!

पुष्पगन्धी : जी राजकुमारी।

राजकुमारी : अभी तक वैद्य नहीं आया!

पुष्पगन्धी : बस अभी आते ही होंगे। लगता है, आज आप बहुत जल्दी उठ गयी हैं। जाने कब से बागीचे में घूम रही हैं!

राजकुमारी : दिवास्वप्नों के बोझ में मेरी आँखें इतनी बोझिल हो गयीं कि नींद तो जैसे पंख लगाकर उड़ गयी। बस इसीलिए भोर होने से पहले ही मैं बागीचे में चली गयी। पौधे निश्चिन्त होकर सो रहे थे। बागीचे में कितनी शान्ति थी! मैं चल रही थी, पर किसी को इसका अहसास नहीं था। उन्हें यह अहसास दिलाने कि मैं वहाँ हूँ, मैंने धीरे से एक गीत गुनगुनाया, पर किसी ने सुना ही नहीं! फिर पूरब की पहाड़ियों के पीछे से सूरज निकला और सारा आसपास रोशनी से भर गया। सूरज की किरणों ने हरयाली पर जैसे नक्काशी कर दी हो। दूब के तिनकों पर ओस की बूँदें हीरे की कनी-सी चमकने लगीं। लगता था जैसे धरती पर स्वर्ग उतर आया हो। ओह, मन-मोहक सुगन्ध बिखेर रहा था वह नन्हा-सा चम्पक का पेड़। उसके हरे सीने में एक अकेला फूल घी के दीये-सा चमक रहा था। मैंने धीरे से पेड़ को झकझोरा, और वह फूल मेरी हथेली पर आ गिरा, हरियाली के देवता का आशीष हो जैसे।

उस फूल की छुअन से ही मानो इस सूखी नदी में पानी का ज्वार उमड़ आया। मैंने एक लम्बी जम्हाई ली और अपनी देह को सीधा करती उठ बैठी। मुझे लगा एक नये दिन का सारा ओज मुझमें भर गया है। तब...हाँ तब मैंने तय किया कि—मैं जीयूँगी।

पुष्पगन्धी : ओह, आज कितनों दिनों बाद आपके मुँह से ऐसे मीठे बोल सुने। मन करता है मिट्ठू की तरह आप हमेशा ऐसे ही मीठे बोल बोलती रहें और मैं हमेशा सुनती रहूँ।

राजकुमारी : मैंने तुम्हें अभी तक वैद्य के बारे में कुछ नहीं बताया है न?

पुष्पगन्धी : कल से आज तक मैं दसियों बार यह बात सुन चुकी हूँ, लेकिन फिर भी कहिए, मैं सुनूँगी।

राजकुमारी : उसके बारे में बात करते लगता है, सुन्दर शब्द भी थोड़े पड़ जाते हैं। वह सुन्दर युवक है। गोल चेहरा, घुँघराले बाल। उसके पास वह सबकुछ ढेर सारा है, जिससे स्त्रियाँ उस पर मर मिटें। वह अपने मन की बात निश्छलता से कह देता है, बिना किसी लागलपेट के। दो बार उसने मुझे बेवकूफ कहा।

पुष्पगन्धी : ऐं, क्या कहा? उसने आपको बेवकूफ कहा?

राजकुमारी : उसने नब्ज देखने के बहाने मेरी कलाई पकड़ी और चोरी से मेरी ओर देखता रहा। तभी कोई छुपा हुआ व्यक्ति बाहर निकल आया।

पुष्पगन्धी : कोई क्यों? स्वयं प्रेम के देवता होंगे वे, आड़ में छुप कर खड़े होंगे और अपने पुष्पबाण को आपकी ओर तान रखा होगा।

राजकुमारी : प्रिय सखी, मुझे बताओ न यह प्रेम क्या होता है?

पुष्पगन्धी : प्रेम हवा का वह हल्का-सा झोंका है जो अपने साथ सहनीय दर्द को ले आता है। जो जानते हैं, वे ऐसा कहते हैं।

राजकुमारी : सच कहा तुमने। जब वह मेरी नब्ज देख रहा था तो मैंने गौर किया कि जंगल की ओर से एक हल्की बयार चली और मेरी पूरी देह को दुलारती-सहलाती हुई कहीं विलीन हो गयी। बाद में मुझे अहसास हुआ कि हवा के इस झोंके ने मेरे दिल को जख्मी कर दिया है। अब न तो मुझे खाना रुचता

है और न नींद ही आती है। मुझे किसी भी चीज में दिलचस्पी नहीं है। बस एक लम्बी साँस है जो दिल को चीरती हुई निकल जाती है।

पुष्पगन्धी : बेचारी...

राजकुमारी : जब से उसे देखा है, मेरा सबकुछ मुझसे छिन गया। मेरे अन्दर न तो आत्मा है, न मन, न दिल। सबकुछ वह लूट कर ले गया है। बस मेरे पास अगर कुछ बचा है तो मेरी जिन्दगी। उसे कहो, वह भी ले जाए।

पुष्पगन्धी : यह सब अनकहा ही रहने दीजिए, क्यों ऐसी बातें कर रही हैं?

राजकुमारी : 'राजकुमारी तुम बहुत सुन्दर हो' उसने कहा, 'मैंने पहले कभी ऐसा सौन्दर्य नहीं देखा।'

पुष्पगन्धी : ठीक ही तो कहा उसने।

राजकुमारी : रात को उसके होठ मेरी आँखों, मेरे गालों को छू रहे थे। जाने कितनी बार—नींद में, मेरे सपनों में।...पुष्पगन्धी, जब तुम यह सब सुनती हो तो तुम्हें कैसा लगता है बताओ न?

पुष्पगन्धी : और कैसा लगेगा? यह कि आप उस वैद्य से सचमुच प्यार करने लगी हैं। इससे भी बड़ा सच यह है कि पहले उसे यह कहना चाहिए था कि उसे आपसे प्रेम है। लेकिन यह पता लगाना हमारे लिए मुश्किल है, यह भी सच है। अब इन सारे सचों को जोड़ने और घटाने के बाद जो सच बचता है वह यह है कि, मुझे आपके दिल की बात उसे बतानी चाहिए। क्यों? मैंने ठीक कहा न राजकुमारी?

राजकुमारी : हाँ ठीक कहा। अगर वह भी मुझसे प्यार करता है तो कोई समस्या ही नहीं। लेकिन अगर नहीं करता हो तो...?

पुष्पगन्धी : तो फिर मुझे क्या करना होगा?

राजकुमारी : तब तुम उससे कहना, हे वैद्य, अगर तुम राजकुमारी का प्यार ठुकरा दोगे तो वह निराश हो जाएगी और निराशा उसे पागल बना देगी और पागल हो जाने पर वह न खाएगी, न सोएगी... और फिर...फिर वह मर जाएगी।

पुष्पगन्धी : यह हर समय मरने की रट क्यों लगाये रहती हैं आप? वह आपका प्यार स्वीकारेगा, चिन्ता मत कीजिए।

सेवक : *(अन्दर आकर)* पुष्पगन्धी, वैद्य संजीव शिव महाराज के साथ इधर आ रहे हैं।

(चला जाता है)

राजकुमारी : *(आनन्द से भरकर)* पुष्पगन्धी, मैं अब उस लता-मंडप में लेट जाऊँगी। अगर वह पूछें कि राजकुमारी कहाँ हैं तो तुम मेरी ओर इशारा कर देना। वह मेरा हाथ पकड़ेंगे, नब्ज देखने के लिए। मेरे माथे का पसीना पोछेंगे। कल भी तो ऐसा ही किया था!

(लता-मंडप में जाकर लेट जाती है)

पुष्पगन्धी : राजकुमारी, अपनी आँखों को प्रेम, यौवन और बुद्धि से भर लीजिए, और सीधे उनके हृदय पर वार कीजिए। नौसखिया हैं न आप, शायद निशाना चूक जाओ। अगर ऐसा हुआ तो निशाना साधकर बार-बार तीर चलाती रहना।

(महाराज और संजीव शिव का प्रवेश)

पुष्पगन्धी : *(दोनों का अभिवादन करके)* राजकुमारी अब काफी ठीक हैं। आज सुबह उन्होंने जिद की और बागीचे में घूमने आ गयीं। अब वे आराम कर रही हैं।

(संजीव शिव राजकुमारी के पास जाता है और उसकी नब्ज देखता है। माथे पर हथेली रखकर बुखार का अन्दाजा लगता है, पसीना पोंछता है। राजकुमारी प्रसन्न हैं पर संजीव शिव दु:खी है)

सेवक : महाराज, वह पंछी यहाँ है। विदूषक चाहता है, आप उसे देखें।

राजा : *(संजीव शिव से)* वैद्यजी, मैं अभी आया। तब तक आप राजकुमारी को देखिए।

(पुष्पगन्धी से) पुष्पगन्धी!

पुष्पगन्धी : जी महाराज।

राजा : इनकी सहायता करो।

(चला जाता है)

संजीव : *(राजकुमारी से)* यह जो लता तुमने अपनी गर्दन में लपेट रखी है। अब तुम्हें इसकी और जरूरत नहीं है। लाओ, उतार दूँ।

(वह राजकुमारी की ओर झुकता है। राजकुमारी तुरन्त उठकर बैठ जाती है और पुष्पगन्धी की ओर देखती है)

पुष्पगन्धी : नहीं, रहने दीजिए, पता नहीं क्यों राजकुमारी को इस पर बहुत नेह है।

संजीव : *(सदमा लगा हो जैसे)* लेकिन...

पुष्पगन्धी : अगर कोई खतरा नहीं है तो इस बेल को इसी तरह गले में लिपटे रहने दीजिए, जब तक इन्हें आराम महसूस हो।

संजीव : *(स्वगत)* खतरा है, मुझे।

राजकुमारी : वैद्य, वह औरत जो कल तुम्हें बार-बार तुम्हारी माँ की याद दिला रही थी, अभी तुम्हारे साथ नहीं आयी न?

संजीव : नहीं, नहीं।

राजकुमारी : तब तो तुम्हारी माँ बहुत ही नेक और दयालु हैं।

संजीव : लेकिन इस बेल को अभी गले से उतारना पड़ेगा।

राजकुमारी : मैं इसे अपने गले से नहीं उतारूँगी। पुष्पगन्धी, कम से कम तुम तो कुछ कहो।

पुष्पगन्धी : वैद्यजी, मेहरबानी करके राजकुमारी की भावनाओं को समझने की कोशिश कीजिए। यह बिन माँ की बच्ची हैं। महाराज ने इन्हें बहुत ही लाड़-प्यार से पाला है। इनकी छोटी से छोटी इच्छाएँ पूरी की हैं।

बूढ़ी : *(अचानक प्रकट होती है)* संजीव शिव, मेरे बेटे, तुम्हारी माँ तुम्हें कोई खास बात याद दिलाना चाहती हैं। तुम्हें याद है न... ?

राजकुमारी : *(सकते में आकर संजीव की ओर आती है और उससे लिपट जाती है)* वह देखो, वह कल वाली औरत फिर आ गयी। उसकी साड़ी उसके बदन से लिपटी जरूर है, लेकिन साड़ी के अन्दर सब खोखला है।

पुष्पगन्धी : कहाँ? राजकुमारी, मुझे तो कोई दिखाई नहीं दे रहा!

संजीव : राजकुमारी, इसीलिए मैं तुमसे कह रहा हूँ, जल्दी से बेल को अपने गले से उतारकर मुझे दे दो।

राजकुमारी : लो, अगर तुम चाहते हो कि मैं मर जाऊँ तो यह बेल ले लो।

पुष्पगन्धी : वैद्यजी, आपको मैं कुछ बताना जरूरी समझती हूँ। ध्यान से सुनिए। जब राजकुमारी में जीने की इच्छा मर गयी थी, आपने उन्हें नया जीवन दिया, शायद अपना आभार जतलाने के लिए या किसी और भावनाओं के कारण राजकुमारी ने आपसे ब्याह करना तय कर लिया है। मुझसे कितनी बार कह चुकी हैं, यह जो बेल आपने उनकी गर्दन में लपेट दी है, वे उसे मंगलसूत्र मानती हैं। आज ही सुबह उन्होंने इसे अपनी आँखों से छुलाया। अब इतने सब के बाद, अगर आप इसे उनके गले से खींच कर उतार दें तो उनके मन का क्या हाल होगा, कभी सोचा आपने?

संजीव : क्या महाराज को इस बात की जानकारी है?

पुष्पगन्धी : बिल्कुल जानकारी है। महाराज को और हम सबको उस ज्योतिषी की बात याद है जिसने शिव का नाम लेकर कहा था कि अगर कभी भी अपनी जिन्दगी में यह किसी पुरुष को पसन्द करे, चाहे वह कोई भी हो—और पुरुष ऐसी माला पहनाये, या सिर्फ गले में धागा ही बाँध दे, तो यह समझना कि राजकुमारी का ब्याह उससे हो गया। इनकी उम्र बढ़ती जाएगी।...तो राजकुमारी की चेहरे की चमक को देखकर महाराज भी कल से बेहद खुश हैं। जब राजकुमारी ने महाराज से आपके बारे में बताया तो उनकी खुशी का ठिकाना न रहा। जल्दी ही वे आपसे इस सम्बन्ध में बात करेंगे।...अब ऐसी स्थिति में आपको यह शोभा नहीं देता कि आप राजकुमारी से कठोर वचन बोलें और उनके जख्मों पर नमक छिड़कें।

संजीव : क्या ज्योतिषी ने बताया था कि वे बहुत दिन तक जिएँगी?

बूढ़ी : *(झुँझलाकर)* अन्धविश्वास!

(चली जाती है)

पुष्पगन्धी : हाँ, उन्होंने ऐसा ही कहा था। अब मैं राजकुमारी को आपके हवाले करती हूँ। इसका मतलब है, मैं आपको ठीक से सोचने का मौका दे रही हूँ। मुझे उम्मीद है कि जैसे एक कच्चा फल

नियत समय पर पक जाता है, आप भी इसकी गम्भीरता को समझ सकेंगे। किसी की जिन्दगी बचाना कोई छोटी बात नहीं है, यह पुण्य का काम है। आप जीवन-रक्षक हैं, जिसने राजकुमारी को जीवन देने के साथ-साथ महाराज को और हम सबको, जो उनसे सम्बद्ध हैं, बहुत-बहुत खुशियाँ दी हैं। जरा सोचिए तो, राजकुमारी आत्महत्या करने के लिए भाग गयी थीं, आप उनसे मिले और उनको पल भर में ठीक कर दिया। यह तो दैवी प्रेरणा से किया हुआ काम प्रतीत होता है—मनुष्य की कोशिशों से परे। इससे यही साबित होता है कि भगवान शिव की हम पर बहुत कृपा है, हम तो केवल जरिया हैं। *(पल भर ठहरकर)* शायद आप सोच रहे हैं कि मैं बहुत बड़ी-बड़ी बातें कर रही हूँ, कि चाहे ब्याह की शुभघड़ी कभी भी हो, वह बेल जो आपने राजकुमारी के गले में लपेटी, वह मंगलसूत्र के बाँधने के बराबर ही है।

(चली जाती है। संजीव शिव चकराया हुआ है और राजकुमारी भी हैरान है)

संजीव : क्या यह खेल इस तरह इसलिए शुरू हुआ कि इसका अन्त इस तरह हो?

राजकुमारी : कहीं आपको यह तो नहीं लग रहा है कि मैं खुद को आप पर थोप रही हूँ? आप विश्वास करें या न करें, मैं कल सचमुच आत्महत्या करने ही निकली थी। आपके साथ मिलना तो बस एक संयोग था। जब आपने मेरी सराहना की तो मुझे सचमुच खुशी हुई। पता नहीं क्यों, ठीक से कुछ समझने से पहले ही मैंने अपना मन आपको दे दिया। और जब आपने यह लता मेरे गले में लपेटी, मुझे लगा जैसे यह विवाह का पवित्र बन्धन है। अब भी अगर आपको यह लगता है कि मैं जबरदस्ती खुद को आप पर लाद रही हूँ तो बिना झिझके बता दीजिए, और मुझे छोड़कर चले जाइए। जो मेरे भाग्य में होगा, उसे झेल लूँगी।

संजीव : राजकुमारी, इससे ज्यादा भला तो मेरा हुआ! मुझे खुश होना चाहिए। भगवान शिव को साक्षी रखकर मैं कहता हूँ कि मैं

दिल से तुम्हें प्यार करने लगा हूँ। मेरे प्रेम और मेरे शब्दों के बीच कोई दरार नहीं है। कल जब मैंने तुम्हें देखा, मुझे लगा जैसे मैं तुम्हें बचपन से जानता हूँ। कल माँ ने पहली बार गौर किया कि मुझे प्यार हो गया है। हाँ, अब से पहले मुझे खुद पर इतना भरोसा नहीं था कि कबूल कर लूँ। लेकिन अब मैं पूरे साहस के साथ यह कह रहा हूँ कि कल जिस पल मैंने तुम्हें देखा, मैंने अपने मन में स्वीकारा कि तुम ही मेरी प्रेम की आराध्य देवी हो।...लेकिन अब यह जरूरी है कि मैं तुम्हें कुछ बातें बताऊँ। आओ, हम सत्य के आमने-सामने खड़े हो जाएँ—अपने सपनों को लेकर। तुम अपने सपनों के बारे में मुझे बताओ और मैं अपने सपनों के बारे में तुम्हें बताऊँ...और उन सपनों के साथ हम दोनों अपने पागलपन को भी मिला दें।

राजकुमारी : पागलपन क्यों?

संजीव : विश्वास करने के लिए। हमें अपने सपनों पर विश्वास होना चाहिए और विश्वास करने लिए उसमें पागलपन को मिला लेना चाहिए।

राजकुमारी : ठीक है, आगे कहो।

संजीव : मुझे मालूम था कि जीवन में एक क्षण ऐसा आएगा जब एक पुरुष होने के नाते मुझको इस तरह के किसी निर्णय पर पहुँचना पड़ेगा। लेकिन इसका मुझे कतई अन्दाजा न था कि मुझे अपनी माँ के ही विरुद्ध जाकर निर्णय लेना होगा। तुमसे विवाह करने के लिए मुझे अपनी स्वतन्त्रता हासिल करनी पड़ेगी। मैं तुम्हारा आभारी हूँ राजकुमारी, तुमने मुझे अहसास दिलाया कि एक व्यक्ति के लिए स्वतन्त्रता कितनी जरूरी और अनमोल है। मुझे लगता है, वह आदमी जो अपनी स्वतन्त्रता को पहचान नहीं पाता, अपने चारों ओर एक नरक-कुंड रच लेता है। मनुष्य की स्वतन्त्रता उसको मानवता का रूप देती है। माई ने हमारे चारों ओर मृत्यु का मकड़जाल बुनकर हमें इंसान बनने से रोक रखा है। राजकुमारी, मेरी राह बिल्कुल स्पष्ट है। सुनो, अब से मैं तुम्हारा पति और तुम मेरी पत्नी हो। हम अपनी कुटिया

में रहेंगे। तुम राजकुमारी जरूर हो, लेकिन मैं राजा बनने को कतई तैयार नहीं हूँ। क्या तुम्हें यह स्वीकार है?

राजकुमारी : मुझे मंजूर है। मैं महल छोड़ दूँगी और तुम्हारे साथ कुटिया में रहूँगी। ठीक है न? एक वैद्य की पत्नी बनना मतलब दवाओं को कूटना-पीसना, है न? मैं वही सब करूँगी। अगर मैं हर समय दवाओं को कूटती-पीसती रहूँगी तो मौत के डर से छुटकारा पा लूँगी।

संजीव : *(हँसकर)* तुम इतनी दुबली-पतली हो, दवा कैसे पीसोगी?

राजकुमारी : बस आज से ही मैं अपने स्वास्थ्य का खयाल रखना शुरू कर दूँगी।

संजीव : तुम कुटिया में रहने के लिए राजी हो जाओ, इतना ही काफी है। बाकी के काम मैं खुद कर लूँगा।

राजकुमारी : कौन से बाकी के काम? क्या तुम सोचते हो कि मैं राजकुमारी हूँ, इसलिए मुझे खाना बनाना नहीं आता?

संजीव : नहीं, यह बात नहीं है।

राजकुमारी : श्रीमान, मुझे खाना बनाना वाकई नहीं आता, मैं सिर्फ हरी सब्जियों का शोरबा बना लेती हूँ। चावल बना लेती हूँ।... जब पुष्पगन्धी खाना बनाती थी मैं चुपचाप देखती रहती थी, इसी तरह मैं खाना बनाना थोड़ा-बहुत सीख गयी।

बूढ़ी : *(प्रवेश करके)* बेटा, तुम्हारी माँ तुमसे मिलना चाहती हैं।

(राजकुमारी पुनः डरकर संजीव शिव से लिपट जाती है)

संजीव : राजकुमारी, तुमने कहा था वह बेल तुम्हारा मंगलसूत्र है, कहा था न? मुझे यह मंजूर है। अगर हम रहेंगे तो एक साथ कुटिया में रहेंगे। अगर नहीं, तो एक ही चिता में जलकर राख हो जाएँगे। तुम्हें स्वीकार है?

राजकुमारी : मुझे स्वीकार है। भगवान शिव हमारे साक्षी हैं।

(दूर किसी शिवालय में घंटी बज उठती है। दोनों खुशियाँ मनाते हैं। बूढ़ी खीझकर अपना माथा पीटती है।)

संजीव : राजकुमारी, मैं इतना बड़ा नहीं हूँ कि तुम्हें कोई प्रेम का उपहार दे सकूँ। यह मेरी छोटी-सी भेंट है, कृपया इसे स्वीकार करो।

(इन शब्दों के साथ वह राजकुमारी को एक चम्पक का

फूल उपहार-स्वरूप देता है जो वहीं पर पड़ा था। उसे हाथ में लेने की बजाय, राजकुमारी मुड़कर खड़ी हो जाती है जिससे संजीव शिव उसके बालों में लगा दे। जैसे ही वह बालों में फूल लगाता है, उसके हाथ एक जिम्मेदारी की भावना से काँप उठते हैं। राजकुमारी के शरीर में सिहरन दौड़ जाती है। संजीव शिव लौटने लगता है, यह कहकर कि वह फिर आएगा। राजकुमारी चम्पक के फूल पर बार-बार प्यार से हाथ फेरती है, और अपने अन्दर आये परिवर्तन से उत्तेजित हो उठती है। वह शीशे के सामने खड़ी होकर खुशी से अपने को निहारती है। तभी बूढ़ी नाराज होकर मृत रानी के तस्वीर के पीछे खड़ी हो जाती है।)

राजकुमारी : *(अपने केश पर लगे फूल को सहलाती हुई)* चम्पक...चम्पक, मुझे उसका नाम तो बताओ जिसने मेरे बालों में यह फूल लगाया है!

बूढ़ी : संजीव शिव।

राजकुमारी : ओह, शिव जी का भी इतना सुन्दर नाम नहीं है। यह नाम सुनते ही मेरे शरीर में एक सिहरन-सी दौड़ जाती है। चम्पक, इस नाम में एक मीठी सुगन्ध है, जैसे तुम में है। लेकिन तुम्हारी खुशबू से भी मनमोहक है वह सुगन्ध। जब मेरे पति ने तुम्हें मेरे बालों में लगाया, मेरे शरीर में मानो बिजली-सी दौड़ गयी और मुझे लगा कि मैं किसी दूसरे लोक में हूँ।

बूढ़ी : तुम्हें यह भ्रम है कि तुम दूसरे लोक में हो; क्योंकि तुमने इस लोक की सचाई से आँखें मूँद ली हैं। बेटी, अपने पैरों के नीचे की जमीन को देखो। तुम्हें कुछ दिखाई देता है?

राजकुमारी : हाँ, मैं देख रही हूँ।

बूढ़ी : बेटी, तब मुझे एक बात बताओ कि तुम इस गरीब वैद्य को अपना दिल क्यों दे बैठी?

राजकुमारी : क्योंकि वह मुझसे सच बोलता है इसलिए।

बूढ़ी : इसका मतलब क्या है?

राजकुमारी : मेरे चारों ओर घिरे लोग मुझसे अब तक झूठ बोलते रहे हैं।

मेरे शिक्षक जो कुछ भी मुझे सिखाते हैं, उसका एक शब्द भी मुझे समझ नहीं आता। मैं अपने शिक्षक से यह कहती हूँ कि मैं समझ नहीं पाती, फिर भी वे मेरे पिता से भी झूठ बोलते हैं कि वाह यह कितनी बुद्धिमती है! वैद्य एक अकेला आदमी है जो मुझे सच बोलता है, उसने मुझसे कहा कि मैं बेवकूफ हूँ।

बूढ़ी : तो उसके सच बोलने को सराहते हुए तुम उसे कुछ पुरस्कार दे दो। अपने आपको, अपनी जिन्दगी को उसके हाथों सौंप देना क्या जरूरी है?

राजकुमारी : हाँ, अपनी जिन्दगी को मैंने उसके हाथों सौंपी, तभी तो मैं मौत के मुँह से बच पायी। जब सब राजवैद्यों ने हथियार डाल दिये, उसने आगे बढ़कर मेरा इलाज किया, और मुझे ठीक कर दिया।

बूढ़ी : अगर तुम उससे ब्याह कर लोगी तो क्या उसके साथ रह पाओगी? कहाँ तुम एक राजकुमारी और कहाँ वह एक गरीब वैद्य!

राजकुमारी : मुझे न तो राज्य चाहिए और न राजमहल। ब्याह के बाद हम किसी वन में एक आश्रम बनाएँगे और वहीं रहेंगे। मैं दवा पीसूँगी और वह बीमारों का इलाज करेगा। जब मैं थक जाऊँगी तो मेरे चेहरे का पसीना पोंछगा। अब भी वह मेरा पसीना पोंछता है। जब नब्ज देखने के लिए वह मेरी कलाई पकड़ता है, मैं आवेग से काँप उठती हूँ। मुझे पता है, उसे भी ऐसा ही लगता होगा।

बूढ़ी : तुम्हें कैसे मालूम?

राजकुमारी : जब वह मेरे साथ होता है तो बोलते हुए बहुत हल्के हाँफता रहता है।

बूढ़ी : तुम्हारी दृष्टि कितनी पैनी है और तुम कितनी चालाक हो!

राजकुमारी : अच्छा तुम वैद्य को यह बताना जरा। वह सोचता है मैं मूर्ख हूँ।

बूढ़ी : वह मूर्ख है, छोटी चीज को समझने में पूरा दिन लगा देता है। तुम्हें उसकी माँ के बारे में मालूम है?

राजकुमारी : हाँ, मालूम है। मैंने सुना है, वह नन्हे बच्चों का गला घोट कर मार देती हैं और खा जाती हैं। लेकिन मैं तुम्हारे बारे में कुछ भी नहीं जानती।

बूढ़ी : बेटी, तुम मुझे पहचान नहीं पाई, मैं तुम्हारी माँ हूँ।

राजकुमारी : माँ, तुम्हारा लाख-लाख शुक्र है कि तुमने मेरी आँखें खोल दीं। मैं अब सबकुछ साफ-साफ देख सकती हूँ। मैं तुम्हें एक बात कहूँ? मेरी माँ को गुजरे बहुत साल हो गये हैं। मुझे नहीं मालूम तुम कौन हो! लेकिन अब तुम मुझसे कह रही हो कि तुम मेरी माँ हो। पहले तो तुम अपने को वैद्य की माँ बता रही थी। अगर सचमुच तुम वैद्य की माँ या माँ की सहेली हो, तो तुम्हें एक बात बताती हूँ। माँ सुनो, तुम जानती हो, जैसे ही वैद्य ने मेरे बालों में फूल लगाया, एक अलौकिक घटना घटित हुई। वह मेरा पति बन गया, पालने में झूलती तुम्हारी बच्ची पत्नी बन गयी, गूँगी के मुँह से बोल फूँटने लगे। अनहोनी बातें होने लगीं। जैसे सूर्य की किरणें धरती को भेदती हैं और पौधों का अम्बार उगा देती हैं, उसी तरह सिर्फ उसके मेरी ओर देखने भर से मेरे मन में आवेगों का अम्बार-सा उग आता है। दर्द से तड़पते लोगों को वह मौत के मुँह से खींच कर निकाल लाता है। मेरे इस जीवन को, जो मेरे अनजाने ही फूल की तरह खिल उठा है, वह एक नया अर्थ दे सकता है। उस जैसे पति का साथ पाकर मुझे किसी से भी डर नहीं लगता। तुमसे भी नहीं। तुम्हारा माँ के नाम का इस्तेमाल करना मुझे बिल्कुल अच्छा नहीं लगता। मुझे लगता है, अब तो तुम्हें कोई सन्देह नहीं कि मेरी दोनों आँखें सचमुच खुली हैं! तुम अब जा सकती हो। *(पलटकर)* पुष्पगन्धी...!

पुष्पगन्धी : *(प्रवेश कर)* जी, राजकुमारी।

राजकुमारी : इस औरत को बाहर का रास्ता दिखाओ।

(माई, जिसने बूढ़ी औरत का वेश धारण कर रखा था, आश्चर्यचकित है, और चुपचाप चली जाती है)

पाखंडी

[मंजरी और मदन तिलक, मदन तिलक के घर में]

मंजरी : मुझे सच-सच बताओ, कल रात अपने सपने में तुम किसके साथ थे?

मदन : किसी के भी साथ नहीं था। अगर मैं किसी के साथ होऊँगा भी तो वह तुम हो।

मंजरी : देखो, मैं कहती हूँ सच-सच बताओ, मैंने तुम्हें नींद में बात करते हुए सुना था।

मदन : अरी भली मानस, मेरी बात सुन। आज नाटक की तैयारी करनी थी न, मार्कंडेय के संवाद रटने थे। लम्बे आलाप के बाद एक छोटा-सा गीत, बस।

मंजरी : पहले मेरी बात का जवाब दो। क्या तुम उस खूसट बुढ़िया मदरंगी के साथ नहीं थे?

मदन : मदरंगी कौन?

मंजरी : तुम उसे बागीचे में आने को कह रहे थे, क्योंकि वहाँ कोई न होगा।

मदन : वह सब तू ही सपने में देख रही होगी?

मंजरी : मैं तुम्हारे सपने की बात कर रही हूँ। अगर मेरे सपने में यह सब होता तो मैं तुम्हें वहीं पर कस के एक लात जमाती।

मदन : ठीक है, तो तू मुझे एकबार अपने सपने में आने की इजाजत क्यों नहीं देती? फिर तुझे पता चल जाएगा कि मैं किस किस्म का आदमी हूँ!

मंजरी : यह तो तब हो, जब मैं सोऊँ। लेकिन मैं तो यही पता लगाने

में लगी रहती हूँ कि वह कौन-सी औरत है जिसे तुम सपनों में गले लगाते हो। देखना, एक दिन मैं तुम्हारे अनजाने ही तुम्हारे सपनों में घुस पड़ूँगी और देखूँगी कि तुम किसके साथ हो। फिर उसके कान और तुम्हारी नाक काट खाऊँगी। नहीं तो मेरा नाम भी मंजरी नहीं। तुम एक बेवफा इंसान हो, ऐसा धोखेबाज जिसे भगवान का भी डर नहीं।

मदन : और तू एक नकचढ़ी है, झगड़ालू और जहरीली।

मंजरी : ओफ, हद हो गयी अब तो, मैं तुम्हारे साथ नहीं रहूँगी। आज ही अपने मायके जा रही हूँ।

(वह जाने लगती है, लेकिन संजीव शिव को देखकर वापस घर के अन्दर चली जाती है)

मदन : आप कब आये वैद्य जी?

संजीव : थोड़ी देर पहले आया था, और तुम्हारे करतब देख रहा था। यह औरत...

मदन : वह मेरी वामा, मतलब मेरी अर्धांगिनी है।

संजीव : ओह मदरंगी...

मदन : मदरंगी?... वह कौन है?

संजीव : अरे क्या यह वही नहीं जिसका नाम उस दिन तुम ले रहे थे? उस दिन, जब तुमने मुझसे दवा ली थी?

मदन : धीमे बोलिए— *(दूसरी तरफ देखता है, जहाँ मंजरी गयी है)* आप उस बूढ़ी औरत के बारे में बात कर रहे हैं न? वह तो बड़ी पुरानी कहानी है, जी। तब मैं जवानी से भरपूर नहीं था। उस खूसट बुढ़िया मदरंगी का प्यार भी भगवान का दिया आशीर्वाद जैसा लगता था। फिर आपने मेरी जवानी लौटा लाने के लिए दवाइयाँ दीं। मैं तगड़े साँड़ की तरह जवान हो गया। तब मैंने सोचा कि दवा लेने के बाद भी अगर मैं उस खूसट बुढ़िया के साथ रहूँ तो यह आपकी दवा की तौहीन होगी। बस इसलिए मैंने मंजरी से ब्याह कर लिया।

संजीव : तुम्हें यह मिली कहाँ?

मंजरी : कुछ दिन पहले हमने यक्षगान किया था। द्रौपदी के चीरहरण

की कथा थी। मैं दु:शासन बना था। जब मैं द्रौपदी की साड़ी पूरी ताकत से खींचने लगा और वह कृष्ण को अपनी रक्षा करने के लिए याचना के गीत गाती रही, सब दर्शक गुस्से से दाँत पीस रहे थे। बस एक यही औरत थी जो मुझे देखकर हँसती रही। मैंने उसको देखा और सोचता रहा कि क्या यह मुझे मिल सकेगी? तभी उसने मुझे आँख मारी और मेरी हो गयी। अब जब मुझे यह रसभरी नारंगी मिल ही गयी तो मुझे सूखे छुहारे-सी मदरंगी के साथ क्या मज़ा आएगा!

संजीव : लेकिन अभी तो तुम इससे भी लड़-झगड़ रहे थे!

मदन : अरे वह तो किस्सा ही दूसरा है। मैंने इससे ब्याह किया क्योंकि मदरंगी हर समय बक-बक करती रहती थी, लेकिन यह तो उससे भी बढ़कर निकली। यह तो मुझे डाँटती-फटकारती-कोसती रहती है। और कुछ नहीं तो मेरे सपनों में कही बातों को कान लगाकर सुनती है। बिल्ली जैसी जलनखोर। जो भी ब्याह का सुख मुझे मिला था इस कमबख्त की वजह से, वह सब उल्टा कर देने पर मजबूर होता हूँ। खैर छोड़िए मेरा यह खटराग, यह बताइए यहाँ कैसे आना हुआ?

संजीव : मैं तुमसे अपनी माँ के बारे में सचाई जानना चाहता हूँ। मेरे लिए यह बहुत जरूरी है।

मदन : यह बात कोई कैसे विश्वास कर सकता है कि एक बेटा जो अपनी माँ को रोज देखता है—उसे उसकी सचाई के बारे में नहीं मालूम? श्रीमान आपकी बात सुनकर मुझ जैसे मसखरे को भी हँसी आ रही है।

संजीव : मैं मजाक नहीं कर रहा। मेरी बात का जवाब दो। मैंने सुना, तुमने अपना भेष बदलकर मौत को भी धोखा दिया है।

मदन : यह सच है कि मौत के डर से मैं रोज अलग-अलग वेश बदलता रहता हूँ, जिससे मौत मुझे पहचान न पाये। यह भी सच है कि लोग मेरा अभिनय देखकर गच्चा खा जाते हैं। लेकिन मैं बहुत अच्छी तरह से जानता हूँ कि यह सब अन्धविश्वास

है। क्योंकि अगर यह सच होता तो दुनिया में मौतें होतीं ही नहीं। हर कोई रोज नये-नये वेश बदलता, नये नाम धर लेता और मौत को चकमा देकर अमर बन जाता। लेकिन मैं आपसे एक प्रश्न पूछता हूँ। अगर आप ईमानदारी से इसका जवाब देंगे तो यह प्रकाश की तरह आपको राह दिखाएगी।

संजीव : पूछो।

मदन : क्या यह सच है कि आप अपनी माँ, मृत्यु की देवी, शेटिवी माई की मदद के बगैर दवा नहीं दे सकते?

संजीव : हाँ, वे दूसरों को दिखाई दिये बिना रोगी की बायीं या दाहिनी ओर आकर बैठती हैं। अगर बायें बैठती हैं तो इसका अर्थ यह हुआ कि रोगी के दिन पूरे हो चले हैं, फिर मैं उसे दवा नहीं देता। अगर दाहिनी ओर बैठती हैं तो दवा देता हूँ। मेरी माँ ने मुझे ऐसा ही वरदान दिया है। यही मेरी सफलता का राज़ है। अब मैं दूसरी सचाई बताता हूँ—जब मैं राजकुमारी की नब्ज़ देख रहा था, माँ उसकी बायीं तरफ बैठ गयीं और उन्होंने मुझे रोगी का इलाज करने के लिए मना किया। लेकिन मैंने इलाज किया। बस, तब से मेरी माँ मुझसे नाराज हैं। उन्होंने मुझसे कहा कि कल सूरज डूबने से पहले मैं राजकुमारी के गले में लिपटी बेल उतार फेंकूँ।...लेकिन राजकुमारी की जान बचनी चाहिए। क्या तुम इसके लिए कोई तरकीब सुझा सकते हो?

मदन : सच, आज आपके लिए मेरे मन में दुगुनी इज्जत पैदा हो गयी। लेकिन आपकी माँ बहुत चालाक हैं। हम उनकी आँखों में धूल नहीं झोंक सकते। कौन जाने कब और कहाँ वे प्रकट हो जाएँ! अब तक वे लाखों प्राणियों को मौत के घाट उतार चुकी हैं। लेकिन क्या किसी ने भी मौत के लिए उन्हें दोषी ठहराया? लोग कहते हैं कि माई के टीले के नीचे जो गुफा है, उसमें छुपा गहरा अँधेरा उनकी मदद करता है। लेकिन...

संजीव : लेकिन माई ने हम सबको और भी गहरे अँधेरे में घेर रखा है, रोशनी का बहकावा देकर। जब भी मैं माँ के साथ होता

हूँ, एक भयंकर दुर्गन्ध से मेरी नाक भर जाती है और दम घुटने लगता है। मैं गलती से इसे दवा से या रोगियों से आती दुर्गन्ध समझ बैठता हूँ। लेकिन अब मैं जान गया हूँ कि असल में यह मौत की दुर्गन्ध है। जिन्दगी चाहे कितनी दुःखभरी और अर्थहीन क्यों न हो, मनुष्य अपने एकमात्र जीवन को इस तरह बरबाद होने नहीं दे सकता।

मदन : देखिए वैद्यजी, कौन नहीं जानता कि जिन्दगी दुःखों से भरी है, लेकिन हम बैठकर उसका मातम नहीं मनाते। वह कौन-सी चीज है जो मुझे नाटक करने के लिए उकसाती है? क्या यह एक विश्वास नहीं कि जीवन का कोई अर्थ है?

संजीव : मनुष्य ही इस दुनिया का एकमात्र अर्थ है। वही सब अर्थों को ढूँढ़ निकालता है। माई हम पर नियन्त्रण रखने के लिए जिन्दगी का इस्तेमाल कर रही हैं। पर स्वतन्त्रता ही जीवन को जीने लायक बनाती है। राजकुमारी के प्रेम ने मुझे स्वतन्त्रता का पहला पाठ पढ़ाया है। मैं स्वतन्त्र रूप से अपने वैद्यक का काम करना चाहता हूँ। चाहे माँ रोगी की बायीं तरफ बैठें या दाहिनी तरफ, मुझे अब इससे कोई फर्क नहीं पड़ता। मैं अपने पास आये हर रोगी का इलाज करूँगा। खैर, यह बाद की बात है। अभी क्या तुम मुझे बता सकते हो कि राजकुमारी की जान कैसे बचायी जाये?

मदन : आपको भगवान पर विश्वास है?

संजीव : हाँ है।

मदन : तब फिर मेरी बात सुनिए। महाराज को पता नहीं है कि राजकुमारी की जान खतरे में है। उन्होंने एक नाटक का इन्तजाम इस खुशी में किया है कि राजकुमारी पर से मौत का खतरा टल गया। लेकिन उनको यह बताने का कोई फायदा नहीं। उन्हें राजकुमारी के साथ इस नाटक को देख लेने दें। जंगल में चन्द्रशेखर का मन्दिर जाग्रत स्थान है। कई बार ऐसा हुआ कि स्वयं शिवजी लिंग से निकल कर बाहर आये हैं और भक्तों को दर्शन दिया है। लोग कहते हैं कि यही वह जगह

है जहाँ शिव ने ऋषि मार्कंडेय को दर्शन दिये थे और उन्हें लम्बी आयु का आशीर्वाद दिया था। आपके पिता भी उन लोगों में से थे, जिन्होंने शिवजी के दर्शन किये थे। आप भी वहाँ क्यों नहीं चले जाते और उनके दर्शन पाने की कोशिश करते! कल सूरज डूबने तक का समय आपके पास है।

संजीव : हाँ, ऐसा ही करता हूँ।

भयभीत निर्भय हुए

[शिव मन्दिर, शिव की स्तुति करता हुआ संजीव शिव प्रवेश करता है]

संजीव : हे चन्द्रशेखर, चन्द्रमौली भगवान, मुझे सँभालें, मेरी रक्षा करें। चन्द्रशेखर, जिनकी जटाएँ पावन गंगा की शीतल लहरों से धुलकर चमक रही हैं, जिनके तीसरे नेत्र से निकलती अग्नि से प्रेम के देवता भस्मीभूत हो गये! अन्धक दानव का दमन करने वाले हे स्वर्गिक वृक्ष, सब विपदाओं का निवारण करने वाले, ऐसे चन्द्रशेखर जब मेरे शरणदाता हों, मृत्यु के देवता मेरा क्या बिगाड़ सकते हैं! मृत्यु से भयभीत मृकन्दु के पुत्र ने उनके प्रशंसा गीत गाये। भक्तों के प्रिय, अक्षय धन के धनी, अम्बर ही जिनका वस्त्र है, जीवन शक्ति से पूर्ण, रोगमुक्त, सब धन के प्रतीक, जब ऐसे चन्द्रशेखर मेरे शरणदाता हों तो मृत्यु के देवता मेरा क्या अनिष्ट कर सकते हैं!

(तभी शिवजी नाचते हुए प्रकट होते हैं और आशीर्वाद की मुद्रा में खड़े हो जाते हैं।)

शिव : ओ मेरे महान् भक्त, जब मेरे भक्त मेरा नाम लेते हैं, मुझे पत्थर की प्रतिमा से निकल कर आना पड़ता है। तुम्हारी पवित्र भक्ति को देखकर मैंने दर्शन दिये। कहो पुत्र, तुम्हारी क्या इच्छा है?

(संजीव आश्चर्यचकित हो शिवजी को बोलते हुए देखता है)

महान् भक्त, क्या तुम इसलिए भयभीत हो कि मैं तुम्हारी प्रशंसा करने से पहले ही बोल पड़ा? या फिर तुम्हें मेरे शिव

होने में सन्देह है?

संजीव : *(दुविधा में पड़कर)* नहीं, ऐसा कुछ नहीं है।

शिव : अब तक तुम्हें मालूम हो जाना चाहिए कि भक्तों पर मैं कितनी आसानी से प्रसन्न हो जाता हूँ। हरिकथा कहने वाले दासों की कथा तुमने नहीं सुनी? अगर भक्त लेटकर शिवजी का भजन गाता है तो शिव बैठकर सुनते हैं, अगर भक्त खड़े होकर भजन करता है तो शिवजी नाचते हुए सुनते हैं। चूँकि तुमने खड़े होकर मेरी स्तुति की है, इसलिए मुझे नाचते हुए आना पड़ा।

संजीव : *(विश्वास करता है)* मैं धन्य हो गया पिता!

शिव : सच?

संजीव : हाँ सच।

शिव : क्या तुम मेरे महान भक्त कीर्तिशिव के बेटे नहीं हो? वो अब कैलाश में है?

संजीव : जी हाँ, मैं कीर्तिशिव का बेटा संजीव हूँ, शेटिवी माई का गोद लिया हुआ बेटा।

शिव : बहुत अच्छे, बहुत अच्छे! इसका मतलब यह हुआ कि तुम्हारे पीछे भक्तों की लम्बी शृंखला है। तो फिर जल्दी करो और वरदान माँगो। जब तक तुम्हें वर नहीं दूँगा, मुझे सन्तोष नहीं मिलेगा। आमतौर पर तो मैं स्वयं ही भक्तों का मन पढ़ लेता हूँ और उनके माँगने से पहले उसकी इच्छा के अनुसार वर दे देता हूँ। क्योंकि तुम्हारे मन में क्या है, इसकी मुझे थाह नहीं मिल रही, इसलिए मुझे तुमसे स्पष्ट पूछना पड़ा।

संजीव : पिता के अलावा बच्चों का दुःख कौन समझता है?

शिव : अवश्य अवश्य, जिस पल मैंने तुम्हें देखा, तुम्हारे भूत, भविष्य और वर्तमान जन्मों के सारे दुःखों का मुझे पता चल गया। लेकिन अगर यह मालूम चल जाता कि वह कौन-सा दुःख है जो तुरन्त और अवश्य रूप से पूरा किया जाए तो...

संजीव : भगवन्, मेरी बुद्धि भ्रष्ट होती जा रही है। हे देवों के देव महादेव, क्या यह सच है कि आप इतनी आसानी से...

शिव : मैंने पुजारी से कहा था—जितनी आसानी से हम दर्शन देंगे, हमारा मूल्य उतना ही कम होता जाएगा। जब तक हमारे भक्त दो-दो घंटे तक हमारी स्तुति न करें, उनका गला बैठ न जाए, आवाज बन्द न हो जाए, तब तक हमें दर्शन नहीं देना चाहिए। और हमें ऐसा दिखाना चाहिए कि इतनी प्रार्थना के बाद ही हम उन्हें वर देने के लिए प्रकट हुए हैं। लेकिन पुजारी माना ही नहीं। अब देखो, मेरे सबसे विश्वासी भक्त के मन में भी सन्देह उपज रहा है। सुनो, तुम्हारे जन्म लेने के बहुत पहले ही मैंने यह तय कर लिया था कि तुम्हें कौन-सा वर देना है! लेकिन मेरी स्मृति धोखा दे गयी ऐन मौके पर।...और अब मैं समय बरबाद नहीं करना चाहता। इसीलिए सीधे काम की बात पर आ गया। बस। हाँ, अगर अब भी तुम्हारे मन सन्देह हो तो देखो—मेरे सिर पर सचमुच का चाँद और गंगा है, माथे पर एक आँख भी है। देखो-देखो, अगर शक है तो छूकर देखो—या कि मैं तुम्हें अपना तांडव नृत्य दिखाऊँ? *(पार्श्व में देखते हुए)* गाने बजाने वाले आओ... *(फिर जमीन की ओर देखकर)* यह जमीन बड़ी ऊबड़-खाबड़ है। यह तांडव नृत्य करने लायक नहीं है और आजकल के ढोल-मृदंग वालों को भी ताल का कोई ज्ञान नहीं है।

संजीव : इसके अलावा आपको अभ्यास भी नहीं है।

शिव : अरे! इसको देखो। कौन हो तुम?

संजीव : तुम्हारा बेटा संजीव शिव। मैंने समझा था सिर्फ मदन तिलक को ही अभिनय करना आता है। अब तो मेरी माँ भी अभिनय करने लगी। लेकिन माँ, तुम्हें अभिनय करना आता ही नहीं।

माई : *(अपने वेष में प्रकट होती है)* तुम्हें यह समझने में इतनी देर लगी कि मैं कौन हूँ! हालाँकि शुरू से ही मेरा अभिनय बहुत खराब था, फिर भी तुम इतनी देर तक मुझे पहचान न पाये। पहले यह मान लो कि तुम बिल्कुल बेकार के दर्शक हो। मुझे मालूम ही न था कि भगवान का अभिनय करना इतना आसान है। एक बार यह बात समझ में आ जाए तो नकली

देवताओं की भूमिका बड़ी आसानी से अदा की जा सकती है। तुम्हारे भगवानजी बड़े चतुर हैं, मौसम के साथ-साथ रंग बदलते हैं, पहाड़ की चोटी पर अपना सुन्दर-सा मन्दिर बनाते हैं, क्षितिज के उस पार से बिजली की चमक भेजते हैं। जब आदमी उस चमकती बिजली को अचम्भे से ताकता रहता है, तब वे कहते हैं कि वे ही बिजली हैं। स्मृति और विस्मृति के इस खेल में चाहे मनुष्य भूल भी जाए, भगवान को यह जरूर याद रहता है कि विद्युत की चमक में यह ताकत मनुष्य ने ही भरी है। और देवता एक दो नहीं, कितने ही रूपों के होते हैं। गिनती में तैंतीस करोड़ या इससे कुछ ज्यादा ही होंगे। पत्थर के देवता, कलात्मक देवता, मिट्टी के देवता, लकड़ी के देवता, छोटी आँखों वाले देवता, तीन आँखों वाले, पूरी देह में आँखों वाले, हँसने वाले देवता, रोने वाले देवता, अनगिनत हाथों और सिरों वाले देवता; जो हमें डर के बोझ दले दबाते हैं, फिर रक्षा करने का वचन देते हैं, और यह सिद्ध करते हैं कि मनुष्य में कल्पना शक्ति कितनी कम है। हर देवता का अपना परिवार, अपनी पोशाक, संगीत-नृत्य और सुरापान! छीः, इन गन्दे देवताओं की स्थापना कर तुमने इस दुनिया को गन्दी नाली बना दिया है। अब बहुत अभिनय हो चुका। देखो, मुझे न तुम्हारी स्तुति और न आवाहन की जरूरत है और न तुम्हारी सैंकड़ों-हजारों उपाधियों की। साधारण सीधे गद्य से ही काम चलेगा। अब तक तुम जान ही गये हो कि वास्तव में मैं कौन हूँ? मैं भगवान की बेटी हूँ, प्रचलित कथाओं के अनुसार मैं तुम्हारी पालने वाली माँ शेटिवी माई हूँ। बताओ तुम कौन हो?

संजीव : कभी था मैं अपनी माँ के प्यार का उत्तराधिकारी, अब माँ का त्यागा हुआ बेटा, संजीव शिव नाम है मेरा।

माई : तुमने खुद को सजा देने का हठ किया था, माँ का इसमें कोई कसूर नहीं।

संजीव : माँ, क्या मैं तुम्हें अपने टूटे-बिखरे सपनों के बारे में बताऊँ?

माई : हाँ बताओ।

संजीव : घना वन, बहती जलधारा के किनारे एक हरा-भरा पेड़, उस पेड़ के नीचे एक छोटी-सी कुटिया, आँगन के पौधों में खिले फूल। मैं वहाँ अपने रोगियों के साथ बैठा हूँ, कुटिया के अन्दर राजकुमारी दवा पीस रही है। मेरा अहंकार व महत्त्वाकांक्षाएँ उतनी ही छोटी हैं जितनी मेरी कुटिया। रोगी जो मेरी दवा से निरोग हो जाते हैं, कहते हैं कितने अच्छे हैं वैद्य—और इतने भर शब्दों से ही मेरा अन्तर आनन्द से भर जाता है—इतना कि जैसे मैंने भगवान के दर्शन कर लिये हों। लेकिन माँ मेरे मन में अब एक उजाड़ खालीपन भर बचा है। क्योंकि कुटिया के अन्दर दवा पीसती कोई राजकुमारी नहीं है, न कोई दवा, न कोई रोगी। और न मैं भगवान को ही देख पाता हूँ। अब मैं जीने से डरता हूँ माँ!

माई : तुम्हारा डरना स्वाभाविक है क्योंकि तुम दो भयंकर रोगों से पीड़ित हो।

संजीव : मैं रोगों से पीड़ित हूँ? कौन से हैं वे दो रोग?

माई : राजकुमारी और भगवान।

संजीव : राजकुमारी को बचा लेने की मेरी प्रार्थना को ठुकराने का तुम्हारा यही तरीका है क्या, माँ?

माई : तुम्हारी प्रार्थना नहीं ठुकरा रही हूँ, तुम्हारी प्रार्थना मुझे स्वीकार नहीं। अपनी तरफ से बढ़ा-चढ़ा कर मत बोलो।

संजीव : तुम मुझसे बिल्कुल प्यार नहीं करती हो।

माई : सच है, मैं तुम्हारी कमजोरियों से प्यार नहीं कर सकती, हालाँकि अब भी स्वीकार करती हूँ, तुम मेरे बेटे हो।

संजीव : माँ, जिस तरह तुम तर्कों को तोड़-मरोड़ रही हो, उससे मेरे दिमाग की नसें फटती जा रही हैं।

माई : मरते हुए लोगों को जीवन-दान देने के घमंड से तुम फूल के कुप्पा हो रहे हो। इसीलिए अब तुम्हारी तर्क करने की शक्ति नष्ट हो गयी है।

संजीव : मुझे मालूम है माँ, तुम हृदयहीन हो लेकिन तुम्हारे कुछ गुणों

से मुझे प्यार है। मुझे पता नहीं वह क्या है, शायद वह तुम्हारा भयंकर अकेलापन है जिसका न आदि है न अन्त। एक शून्य है, जिसे न हवा छूती है न रोशनी।

माई : तुम और तुम्हारे शब्दों की पकड़ में जो आता है, वह मेरा सच नहीं है। मैंने तुम्हें अपने बारे में बताने के लिए कहा भी नहीं है। हम दोनों में ही जीवन की भूख है। ज्यादा से ज्यादा जीवन को बचाने में ही तुम्हें सुख मिलता है, जबकि मेरा सुख ज्यादा से ज्यादा जिन्दगी को निगलने में। तुम्हारी भूख मुझे समझ में आती है क्योंकि यह सीधी-सादी है। लेकिन बेटे, मेरी भूख भयंकर है। शायद तुम्हारी भूख को समझना आसान है, क्योंकि तुम उस लोक के हो जिसकी सीमाएँ क्षितिज से बँधी हैं। लेकिन मेरी दुनिया में कोई क्षितिज नहीं। इसीलिए मेरी भूख तुम्हें निष्ठुरता लगती है।

संजीव : मैं तुम्हें देख पाता हूँ, क्या यही अपने में एक आश्चर्य नहीं है? बोलो, क्या ऐसा नहीं है माँ?

माई : हाँ, मैं अपने को तुम्हारी आँखों से देख रही हूँ, इसीलिए मैं तुम्हें दिखाई दे रही हूँ, बेटे। अब मेरे प्रश्न का जवाब दो। मुझे लगता है तुम और मदन तिलक मेरे खिलाफ षड्यन्त्र रच रहे हो। क्या मैं पूछ सकती हूँ कि इस षड्यन्त्र की रूपरेखा क्या है?

संजीव : जरूर। हम सोच रहे थे कि तुम्हारे आशीर्वाद के बगैर भी मेरा वैद्य होना कोई अर्थ रखता है या नहीं?

माई : तुम्हारे पेशे में माँ बहुत उपयोगी है।

संजीव : मेरे पेशे से माई को भी बहुत फायदा है। उदाहरण के लिए जिनकी जान माई को लेनी हो, वैद्य स्वयं ही उनकी जान ले सकते हैं।

माई : लेकिन माई कभी किसी को अपने हाथों से मारती नहीं, तुम्हें इतना मालूम होना चाहिए।

संजीव : फिर भी सब माई से ही डरते हैं, क्या यह सच नहीं है?

माई : क्या कोई दूसरी भावना या अनुभव भय की बराबरी कर सकता

है? देखो, मुझसे डरकर जड़ और चेतना सृजनशील हो जाते हैं। तुम्हारे दर्शन, सिद्धान्त, धर्म और वेदान्त— इन सब धारणाओं की जड़ में मेरा भय—मृत्युभय है। कैसे शून्य की नींव पर भी भय कुछ का कुछ गढ़ लेता है! सींगों और नुकीले दाँतों के बारे में मिथक गढ़ लेना, स्वर्गिक देशों में सुखों के अम्बार की कहानियाँ। दुःख से भरे देशों में दुःखों के पहाड़। तुम मृत्यु से सजे इतिहास को ही देख लो...

संजीव : हाँ, आज भी एक अलम्म जीवित है, जिसने अपनी सीमाओं के परे यात्रा की। अलम्म, जिसमें उस वन्य जल की स्वतन्त्रता और स्वाद है जिसे पीकर पंछी का हृदय गीतों से भर जाता है, शिशु की आँखें सपनों से भर जाती हैं। अलम्म, जो डरे हुओं के मन से डर दूर करता है और तुमसे लड़ने की शक्ति देता है—और उसे ही हम शिवलिंग कहते हैं।

माई : बेटे, शिवलिंग के बारे में यह सब कोरी बकवास है। अच्छा ठीक है, तुम शिव की स्तुति में क्या कहोगे? कि जिनके नेत्र में अग्नि है, जो निशाचर हैं, श्मशान में रहते हैं, मृतकों को खाते हैं, जिनके रात जैसे काले बालों में चन्द्रमा शोभायमान हैं, देवता जो संहार करते हैं? तांडव नृत्य करने वाले देवता हैं? मेरे बेटे, अगर मैं अपने नौताल के छन्द में नाचने लगूँ तो उनके घुँघरू गूँगे पड़ जाएँगे।...क्या मैं तुम्हें यह सब करके दिखाऊँ? देखो, तुम्हारे बन्धुवर अपने मूर्खतापूर्ण नाटक में अभिनय कर रहे हैं—मार्कंडेय स्वयं को बचाने के लिए विनती करते हुए शिवलिंग से लिपट गये हैं—और एक लम्बा संवाद बोल रहे हैं।

(माई अब मदन तिलक के 'मार्कंडेय विजय' नामक नाटक का दृश्य दिखाती हैं, जो राजमहल में खेला जा रहा है। मार्कंडेय की बाँहें शिवलिंग से लिपटी हुई हैं। मृत्यु के देवता यम ने उसके गले में फन्दा डाल रखा है और उसे घसीट कर ले जाना चाह रहे हैं।)

मार्कंडेय : हे सर्वशक्तिमान भगवान, हे विश्वात्मा, हे पराशिव, सहस्र

जिह्वा वाले आदिशेष नाग भी आपके सबसे बड़े भक्त मार्कंडेय के दु:खों के सागर का बखान नहीं कर सकते। आप इस बात को समझते हैं कि अगर दुनिया को यह पता चल पाये कि परम विश्वास से की गयी भक्ति और रीति-अनुष्ठान उसी तरह नष्ट हो गये हैं, जैसे इमली पानी में घुल कर विलीन हो जाती है! तो एक भी ऐसा भक्त नहीं बचेगा, जो आपके मन्दिर पर दो कौड़ी का भी दीया जलाये या आपको प्रणाम करने आये।...हे सर्वशक्तिमान शिव, हे विश्वात्मा, मैं अपनी इच्छानुसार अपना जीवन जी चुका। अब निष्ठुर काल ने मेरी गर्दन पर फन्दा डाल दिया है, और मुझे घसीट कर लिये जा रहा है। शिव शम्भु महादेव, क्या आप मुझे मृत्यु से नहीं बचाएँगे? भक्तों के पालनहार और सुजनों के रक्षक, आज आप अपनी उपाधियों की रक्षा नहीं करेंगे? शिव, शिव, हे महादेव!

माई : लो देखो, तुम्हारे अभिनेता शिव ने शिवलिंग को तोड़कर बिजली के चमक-सी शीघ्रता से दर्शन दिये। वाह रे शिव, अब वह मेरे आदमी को मार डालेगा, है न? लो, यह लो।

(वह अपनी जगह खड़े-खड़े आघात करती है। जो अभिनेता शिव का अभिनय कर रहा था, गिर पड़ता है, छटपटाते हुए अन्तत: दम तोड़ देता है।)

संजीव : माँ, शिव जी कोई जादूगर नहीं हैं।

माई : मूर्ख, यह जादू नहीं, सचाई है।

संजीव : तो क्या शिव का अभिनय करने वाला मदन तिलक मर गया?

माई : मैं तुम्हारे तैंतीस करोड़ देवता को ऐसे ही एक निवाले की तरह निगल गयी।

संजीव : तुम जितनी शक्तिशालिनी हो, उससे तो राजकुमारी को भी निगल जाने में तुम्हें कोई दिक्कत नहीं होगी?

माई : वह तो तुम्हें बताना पड़ेगा। मैंने यह सब किया सिर्फ यह दिखाने के लिए, ताकि तुम समझ पाओ कि मैं कौन से खेल खेलती हूँ!

संजीव : *(दुखी मन से)* ओ मदन तिलक, क्या तुम्हें सिर्फ इसलिए

मरना था, क्योंकि मेरी माँ को एक निष्ठुर मजाक सूझा? *(माई की तरफ पलटकर)* तुम साक्षात् नरक हो, मुँह फाड़े, ताजा जिन्दगियों को निगलने को तैयार नरक।

माई : गलत गलत, चाहे तुम लाखों बार लाखों तरीके से मेरा बखान करो, फिर भी वह मेरे बारे में कम होगा। यही मेरा सौन्दर्य है। हालाँकि एक बेटा होने के नाते तुम मुझे औरों से ज्यादा अच्छी तरह समझ पाये हो। विद्वानों ने मेरे बारे में जो कुछ भी बखान किया, उससे ज्यादा तुम कुछ भी नहीं कह पाये। तुमने देखा कि शिव जी, कैसे झूठ बोल रहे थे! तुम्हें सही रास्ते पर लाने के लिए इतना ही समझना बेहतर होगा। अगर तुम्हें ज्यादा कष्ट न हो तो बताओ तुम्हारे सबसे प्रिय जन कौन हैं?

संजीव : सबसे प्रिय मेरी माँ है।

माई : तुमने सच कहा, पुत्र। मैं भी दुःखी हूँ तुम्हारे कारण। अगर इतना ही समझ लो तो मुझे समझना तुम्हारे लिए आसान होगा। तुम्हें याद है न! कि कल सूर्यास्त से पहले तुम्हें राजकुमारी के गले से वह बेल उतार कर मुझे देनी होगी। कल उसका ब्याह है और अन्तिम समय की शुभ घड़ी भी तय हो गयी है। मैं इसकी प्रतीक्षा करूँगी।

संजीव : माँ, मुझे माफ करना। ऐसा नहीं हो सकता। मैं ऐसा नहीं कर सकता।

माई : *(उत्तेजित होकर)* तुम्हें मालूम है, तुम क्या कह रहे हो?

संजीव : बहुत अच्छी तरह मालूम है। मैं दोबारा भी यही कहूँगा। माँ, मेहरबानी से मेरी बात सुनो। जब मैं एकबार किसी रोगी की नब्ज देखता हूँ और उसे दवा देता हूँ तो वह रोगी जरूर बच जाता है। यह आशीर्वाद तुम्हारा ही दिया हुआ है। अब यह तुम पर है कि तुम अपने दिये हुए वचनों का पालन करो, या उन्हें तोड़ दो।

दुर्भाग्य

[मंजरी शिव के वेश में मृत पड़ी है, मदन तिलक मार्कंडेय की पोशाक में उसकी मृत देह के समीप बैठा विलाप कर रहा है।]

मदन : मंजरी...मेरी मंजरी, तू मेरी इकलौती घरवाली थी जो जीवित थी। अब मैं किसके लिए और भला क्यों जीवित रहूँ! आह तेरा नाम भी मेरे मुँह में रसीला स्वाद भर देता था। सुनने से कानों में शहद-सा घुलता था। मैं अब किसको उस नाम से पुकारूँगा? हाय मंजरी, तू कितनी भागों वाली थी। जनम से कलाकार—नाटक खेलते-खेलते ही तूने वीरगति प्राप्त की। हे महाकाल शिव भगवान, जो स्त्री तुम्हारा नाम जप रही थी और जिसने तुम्हारा वेश धारण कर रखा था, उसे तुम कैसे निगल गये?

(मदरंगी जो अपनी सहानुभूति प्रकट करने आयी थी, थोड़ी दूर पर खड़ी हो जाती है। उसे देखकर मदन तिलक रोता हुआ उससे कहता है)

मदन : ओ मदरंगी, क्या तू मुझे दिलासा देने आई है? आ, पास आकर देख, वह कैसे पड़ी हुई है! क्या तू कम से कम एक बार इस अभागी आत्मा के पास नहीं आएगी? अगर तू मेरे दुःख के ये आँसू पोंछ देगी, अपने सीने पर मेरा चेहरा टिका मुझे दिलासा देगी तो क्या मैं इसके लिए मना करूँगा?

(मदरंगी आकर उसके पास बैठ जाती है। मंजरी का भूत यानी मृत शरीर उठकर बैठ जाता है—ईर्ष्या और जलन से भरा हुआ। चूँकि वह सिर्फ रूह है, वह दोनों को दिखाई नहीं देती। संजीव शिव के आने तक उन दोनों

की बातचीत विलाप की तरह है। मंजरी की प्रेतात्मा की उन्हीं संवादों के अनुसार प्रतिक्रिया होगी...)

मदरंगी : बेचारी एक भली औरत की ऐसी मौत! बड़े दुर्भाग्य की बात है!

मदन : हाँ, दुर्भाग्य की बात तो है ही। न कोई मन्त्री न कवि, और न राजा उस दिन मरा जिस दिन यह मरी। क्या कोई इतनी अभागन होगी! वह जलती-भुनती रही कि मैं रोज सोते-जागते मदरंगी को याद करता था।

मदरंगी : यह सरासर झूठ है।

मदन : कोई सामने पड़ी लाश के आगे झूठ कैसे बोल सकता है?

मदरंगी : तब फिर तुमने मुझे छोड़कर उससे ब्याह क्यों किया?

मदन : ज्योतिष शास्त्रों के अनुसार मेरी नवीं पत्नी के भाग में ऐसे ही मरना लिखा था। मैंने इसीलिए उससे ब्याह किया था। अगर मैं ऐसा न करता तो उसकी जगह तू मर जाती।

(मंजरी के भूत की प्रेतात्मा की प्रतिक्रिया भयंकर है)

मंजरी का भूत : देखो देखो, इस उल्लू के पट्‌ठे को!

मदन : *(मदरंगी से)* तुम्हें मेरी बात पर यकीन नहीं हो रहा न! हाय री किस्मत! शिव शिव, इस तरह विश्वासहीन बनकर जीने से तो मर जाना बेहतर था। मंजरी के बदले मुझे मौत क्यों नहीं आ गयी?

मदरंगी : *(नरमी से)* बुढ़ऊ, तुम मरना चाह सकते हो, लेकिन मौत की माई तुम्हें आज्ञा दें तब न?

मदन : कुछ दिन पहले रात को वह मेरे सपने में प्रकट हुई थीं। मैंने कहा—'माँ मुझे मार डालो।' उन्होंने कहा, 'बेटे, एक और लड़की पर अपनी धाक जमाने के बाद आना।'

मदरंगी : बुढ़ऊ, तुम्हें दूसरी लड़की मिलेगी कहाँ?

मदन : अगर तू मुझ पर रहम करे और वापस लौट आये तो मुझे तसल्ली हो जाएगी।

मदरंगी : बुढ़ऊ, न तो तू अब जवान है और न मैं लड़की।

मदन : अगर दया करके तू आ जाए तो तुझे पता चल जाएगा कि मैं जवान हूँ या बूढ़ा। अगर हमें एक-दूसरे से प्यार है तो तू

हँसती-इठलाती लड़की बन जाएगी और मैं तेरा गबरू जवान।

मंजरी का भूत : हे शिव जी, देखा इस पट्ठे की बात चतुराई?

(संजीव शिव आता है)

संजीव : *(आश्चर्यचकित होकर मदन तिलक से पूछता है)* अरे, तुम अब भी जिन्दा हो?

मदन : क्यों, क्या मुझे भी मर जाना चाहिए था?

संजीव : क्या तुम पिछली रात को शिवजी का अभिनय नहीं कर रहे थे?

मदन : हाँ, कर रहा था।

(मंजरी का भूत उठ खड़ा होता है और कहता है—तुम झूठ बोलते हो, मक्कार पाखंडी कहीं के!)

मदन : मैं नहीं, मंजरी शिव बनी थी।

(मंजरी फिर लाश बनी गिर जाती है)

संजीव : क्या तुमने आखिरी वक्त पर भूमिका बदल ली थी?

मदन : हाँ।

संजीव : क्यों?

मदन : मंजरी हठ करने लगी थी। उसने मुझे धमकी दी कि अगर मुझे शिव की भूमिका करने दोगे तभी जिन्दा रहूँगी, नहीं तो मैं किसी तालाब या कुएँ में छलाँग लगाकर जान दे दूँगी।

(मंजरी का भूत मदन तिलक के सफेद झूठ को सुनकर आश्चर्य से मुँह फाड़े ताकता है...)

मदन : मैंने उससे कहा—मंजरी तुझे शिव के गीत और संवाद याद नहीं हैं, बेकार की जिद मत कर। लेकिन वह कुछ भी सुनने को तैयार न थी। आखिरकार हमने भूमिकाएँ बदल लीं। मैंने मंजरी को शिव का वेश धारण करने की इजाजत दे दी और मैंने मार्कंडेय की भूमिका अदा की।

मंजरी का भूत : हम लोग नाटक शुरू ही करने वाले थे कि सेडूमारी आ धमकी। उसका चेहरा काली रात से भी काला था, दाँत निकले हुए थे जैसे दराँती, शायद उसके एक सींग भी था। उसने अपनी खून-सी लाल-लाल आँखें घुमायीं, अपनी लाल मूँछें मरोड़ीं और एक खूँखार जानवर की तरह हम पर झपटी—क्या तुम शिव हो? उसने पूछा। इतना कहना था कि इस वाले शिव

का कच्छा गीला हो गया। 'देवी, मुझे पता नहीं तुम कौन हो और कहाँ से आ रही हो!' डर से काँपते हुए इसने कहा। वह ठठाकर हँसी और लुप्त हो गयी। यह आदमी काँपता हुआ मेरे पैरों पर गिर पड़ा और मुझसे विनती करने लगा कि वह बूढ़ा शैतान हमारा नाटक बरबाद कर देगा। हमें अपनी भूमिकाएँ बदल लेनी चाहिए। मैंने कहा, 'मुझे शिव के गीत और संवाद नहीं आते, लेकिन इसके कान में जूँ न रेंगी। बस इतना ही कहा कि वह सब सँभाल लेगा। मैं क्या करती, मैंने उसकी बात मान ली। मुझे बाद में अपनी गलती का अहसास हुआ। कुछ दूरी पर एक मोटी डायन बैठी थी, उसने अपनी लाठी घुमायी और मेरी तरफ फेंकी। लाठी मुझ पर लगी और मैं मर गयी। *(मदन तिलक को लात मारती है)* फूटे करम मेरे जो इस दो टके के आदमी के लिए मुझे मरना पड़ा। अगर मैं मार्कंडेय की भूमिका करने पर ही अड़ी रहती तो मैं अब तब जिन्दा रहती और इस उल्लू की पट्‌ठी मदरंगी की खबर लेती।

संजीव : *(मदन से)* क्या इसका मतलब यह है कि तुम्हें जो पोशाक पहननी थी, वह उसने पहन ली और तुम्हारे बदले उसकी मौत हो गयी।

मदन : ऐसा नहीं है। ग्रह-नक्षत्रों के अनुसार उसके भाग में इसी तरह मरना लिखा था।

मंजरी का भूत : फिर झूठ बक रहा है। *(लात मारती है)*

संजीव : *(मदरंगी की तरफ इशारा करते हुए)* यह औरत कौन है?

मदन : मदरंगी। हमदर्दी जताने आयी थी। बेचारी! लेकिन आप इसका यह मतलब मत निकालिए कि मुझे मंजरी के मरने का कोई दुःख नहीं। आपके आने से पहले मैं सुबक-सुबक कर रो रहा था, दुःखभरे गीत गा रहा था। *(मदरंगी से)* है न मदरंगी?

मंजरी का भूत : *(मदन तिलक को लात मारती है)* फिर झूठ!

मदन : *(संजीव से)* श्रीमानजी, आप मुझे लात क्यों मार रहे हैं? क्या आप मेरा विश्वास नहीं करते?

संजीव : मैंने तुम्हें लात नहीं मारी। तुम्हारे ग्रहों ने तुम्हें लात मारी है। *(प्रस्थान करता है)*

उनको घसीट कर लाओ

[औषधालय में माई और गिरिमल्लिगे]

माई : गिरिमल्लिगे, तुम संजीव और राजकुमारी पर नजर रख रही हो न?

गिरिमल्लिगे : माई, मैं बगैर पलक झपकाये उन पर नजर रख रही हूँ।

माई : संजीव कहाँ है और कैसा है? वह क्या कर रहा है? मुझे विस्तार से एक-एक बात बताओ।

गिरिमल्लिगे : वह भागता हुआ महल पहुँचा जैसे उसके पास बरबाद करने को जरा भी समय नहीं। वह तुरन्त राजकुमारी के पास जाता है, उससे एक पल बात करने के बाद ही वह बाहर आ जाता है। उसने शायद राजकुमारी को तैयार होने को कहा। वह ऐसे दिखता है जैसे अचानक बूढ़ा हो गया है। एक लम्बी साँस लेकर वह लड़खड़ाते कदमों से बागीचा पार करता है, फिर चौकन्ना होकर दोनों तरफ देखता है, मानो वह चाह रहा हो कि उसे कोई देखे या सुने नहीं। वह महल की कब्रगाह में आता है, कब्र से एक मुट्ठी मिट्टी उठाकर पागलों की तरह अपने ऊपर बिखेर कर कहता है, 'मैं एक साथ दो मौतें मर रहा हूँ, एक राजकुमारी के प्रेमी की मौत और दूसरी अपनी माँ के बेटे की मौत... माँ, मेरी रक्षा करो।' ऐसा कहते हुए वह दोनों हाथों से अपने बाल नोंच लेता है। फिर निराश हो जाता है। अपना माथा पीट लेता है और क्षितिज की ओर ताकता भयंकर आवाज से चीख उठता है—माँ...

माई : क्या अभी तूने यह कहा कि मेरी बात सोचते हुए चिल्लाया?

गिरिमल्लिगे : हाँ, माई।

माई : अच्छा, अब मुझे राजकुमारी के बारे में बता।

गिरिमल्लिगे : मुझे समझ में नहीं आ रहा कि उसके बारे में क्या बताऊँ! लेकिन ऐसा लगता है मानो उसने मौत की ओर सफर करना तय कर लिया है क्योंकि वह समझती है कि संजीव की पत्नी होने के नाते उसे मौत का सामना करना चाहिए। उसका चेहरा बिल्कुल भी विचलित नहीं है, जैसे मृत्यु की बात करने से ही वह दूषित हो गयी है। उसने अपने बाल खोल दिये हैं, स्नान कर शुद्ध हो शीशे के सामने खड़ी हो गयी है और अपने माथे पर बड़ी-सी सिन्दूर की लाल बिन्दी लगा ली है। थोड़ा सिन्दूर गले में लिपटी बेल पर लगाया और फिर बेल को आँखों से छुलाकर अपने गले में लपेट लिया। फिर एक चन्द्रकली साड़ी को उल्टे-सीधे अपनी देह पर लपेट लिया। साड़ी के सुनहरे पल्लू से उसका सिर ढँका था और उसकी चुन्नटें जमीन छू रही थीं। उसने इसके साथ नीला ब्लाउज पहना था। हालाँकि उसने अपने बालों में कंघी की थी लेकिन उनको समेट कर चोटी गूँथना उसके लिए सम्भव न था। जब मैंने उसे चोटी गूँथने की कोशिश करते देखा तो मेरी बड़ी इच्छा हुई कि मैं चोटी बना दूँ और उसमें मोगरे और केतकी के फूल लगा दूँ। बड़ी मुश्किल से मैंने अपने आपको रोका। संजीव का दिया हुआ चम्पक का फूल उसने फिर बालों में लगा लिया। जब मैंने उसे इस तरह सजते हुए देखा तो मेरा एक साथ हँसने और रोने को जी चाहा।

माई : फिर?... उसके बाद?

गिरिमल्लिगे : उसके बाद उसने एक घी का दीप जलाया, अपनी माँ की तस्वीर के सामने रखा और कहा—माँ, मैं अपने पति के घर जा रही हूँ, मुझे आशीर्वाद दो। मेरे मरने के बाद मेरे पति को लम्बी उमर देना और... एक और पत्नी देना जो उससे उतना ही प्रेम करे जितना मैं करती हूँ... यह कहते हुए वह फूट-फूट कर रो पड़ी और आँसुओं की बाढ़ में डूब गयी। माई,

मेरी आँखें भी गीली हो गयीं और उसके बाद क्या हुआ मुझे नहीं मालूम।

सेविका : *(बहुत हड़बड़ी में आकर)* महामाई, राजकुमारी और संजीव शिव का कोई पता नहीं लग पा रहा है।

माई : *(चौंककर)* क्या?

सेविका : हाँ महामाई, वे घोड़े की पीठ पर सवार हो कहीं चले गये हैं। हमने सोचा वे इसी तरफ आ रहे होंगे और सोचा कि हमारा काम आसान हो जाएगा, हमने उन्हें जाने दिया। लेकिन जिस पल वे जंगल में घुसे, घोड़े ने चौकड़ी भरी और वे घने जंगल में ओझल हो गये।

माई : *(गिरिमल्लिगे से)* गिरिमल्लिगे दौड़ो, उन्हें पकड़ो। हमारे पास जितनी चालें और तरीके हैं, उनका इस्तेमाल करो। उन्हें यहाँ घसीट लाओ।

अशान्त आकाश के नीचे

[जंगल। दो सेडूमारियाँ (डायनें) संजीव शिव और राजकुमारी को ढूँढ़ते हुए आती हैं।]

डायन-1 : क्या सब चीजें ऊपर-नीचे नहीं हो रहीं, कि लगता है जैसे गुरुत्वाकर्षण खत्म हो गया है?

डायन-2 : चमगादड़ अपने पैरों पर खड़े हैं और मोर सर नीचे लटकाये पेड़ों से लटक रहे हैं।

डायन-1 : प्राणी अपने स्वभाव से उल्टे काम कर रहे हैं। क्या तुमने नहीं देखा कि गाँव के नाटक में बच्चों से लेकर बूढ़े तक भविष्यवाणियाँ कर रहे हैं?

डायन-2 : जिन्दा और मुर्दों ने अपनी जगहें और अपने-अपने वेश बदल लिये हैं। एक दूसरे के तौर-तरीके और बोल चुरा लिये हैं।

डायन-1 : धरती और आसमान अब आपे में नहीं हैं। उनमें खलबली मची हुई है। मुर्दों को खाने का यह अच्छा मौसम है। चलो, जल्दी करो, उन्हें ढूँढ़ते हैं।

(वे गायब हो जाती हैं। राजकुमारी और संजीव शिव प्रवेश करते हैं। वे चौकन्ने हो अपने चारों ओर देखते हैं। जब उन्हें लगता है कि यह जगह सुरक्षित है तो वे बैठ जाते हैं।)

राजकुमारी : यहाँ थोड़ी देर बैठ जायें?

संजीव : ठीक है, हमने सीमा पार कर ली है। अब कम-से-कम सूर्यास्त तक यहाँ ठहर सकते हैं, उसके बाद आगे चलेंगे। ...राजकुमारी, तुम थक तो नहीं गयी हो?

राजकुमारी : मेरा नाम इरुवंतिगे है, राजकुमारी नहीं। मैं बहुत थक गयी

हूँ जी, मेरे पूरे बदन से पसीना टपक रहा है।

संजीव : *(उसका पसीना पोंछता हुआ)* इरुवंतिगे, जिसे इतने आराम और सुख-सुविधाओं की आदत हो, उस पर एक साथ इतनी मुश्किलें आन पड़ें, यह तो उचित नहीं!

राजकुमारी : तुम पहाड़ी इलाके में जनमे हो, है न?

संजीव : हाँ, योगी कोल्ला में।

राजकुमारी : तुमने वहाँ एक नदी बहती हुई नहीं देखी?

संजीव : हाँ, वह एक अशान्त नदी है, जिसकी धार उल्टी तरफ बहती है।

राजकुमारी : वह नदी आज भी तुम्हारे दिल में बहती है, तेज धार से आगे बढ़ती, मोड़ पर दो धाराओं में बँटकर उल्टी दिशाओं में बह जाती।

संजीव : इरुवतिंगे, सूरज डूब गया। अब चलना शुरू करें?

(वे चले जाते हैं। सेडूमारियों का प्रवेश)

डायन-1 : अरे उनके जाते ही हम चल पड़े, लेकिन यहाँ तो उनका नामोनिशान नहीं।

डायन-2 : इस कमबख्त जंगल में जाने कितने रास्ते हैं! कौन जाने किस रास्ते गये हैं!

डायन-1 : पूरा जंगल कितना डरावना है! एक भूल-भुलैया है।

डायन-2 : आकाश में एक भी तारा दिखाई नहीं देता।

डायन-1 : पेड़ अँधेरे में डूबे हुए दिखते हैं। *(एक तरफ गौर से देखते हुए)* अरे! लगता है, वहाँ कोई छिपा हुआ है!

डायन-2 : *(उसी तरफ हाथ उठाकर)* ऐ, जो कोई भी वहाँ छुपा है, बाहर निकलो। ये समझ लो, तुम जहाँ कहीं भी छुपे हो, माई की आँखें तुम्हें ढूँढ़ निकालेंगी।

डायन-1 : यह भी जान रखो कि माई के हाथ जो कुछ भी लगता है वह हथियार बन जाता है।

डायन-2 : निकल आओ।

डायन-1 : बाहर निकलो।

डायन-2 : *(एक दूसरे से)* यहाँ कोई नहीं है। मुझे लगता है, वे बहुत दूर चले गये होंगे।

डायन-1 : चाहे जितनी दूर चले जाएँ, फिर भी वे माई के काफी पास ही होंगे।

(वे ढूँढ़ती हुई चली जाती हैं। राजकुमारी और संजीव प्रवेश करते हैं)

राजकुमारी : क्या तुमने कभी उस पंछी को देखा, जिसके बारे में सब बातें करते हैं?

संजीव : मैंने भी उसके बारे में सिर्फ सुना ही है। क़भी देखा नहीं।

राजकुमारी : क्या यह बोलता है?

संजीव : मैंने नहीं सुना, जिन्होंने सुना, वे कहते हैं कि उसकी आवाज बड़ी भयंकर है। जब वह बोलता है तो लगता है जैसे हजारों उल्लू एक साथ बोल रहे हों।

राजकुमारी : देखो देखो, वह चट्टान जैसी कोई चीज, क्षितिज के पास। क्या यह वही पंछी है?

संजीव : वह तो बरगद का बूढ़ा पेड़ है।

राजकुमारी : हाँ, तो क्या वह पेड़ पर नहीं रहता?

संजीव : पेड़ में इतनी ताकत कहाँ है कि उसका बोझ झेले?

राजकुमारी : अजीब बात है कि वह कब्रिस्तान में रहना पसन्द करता है!

संजीव : क्योंकि उसे भोजन चाहिए। लोग कहते हैं कि वह अर्थी ढोने वालों का पीछा करता है और लाश को झपट कर ले जाता है। जिन लोगों ने देखा है, मैंने उन्हीं से सुना है।

राजकुमारी : अगर तुम्हारी बातों का विश्वास कर लें, तब तो वह पंछी जरूर ही बड़ा भयंकर है। लेकिन इतना कह दूँ कि यह जगह इस पंछी लायक नहीं है। पता है क्यों? क्योंकि इतनी सुन्दर हरियाली के बीच ऐसे भयानक पंछी की कल्पना भी नहीं की जा सकती।

संजीव : लेकिन कई लोगों ने यहाँ उस पंछी को देखा है। उन लोगों में से किसी को भी यह जगह सुन्दर नहीं लगी, जैसा कि तुम कह रही हो, तुम्हें लगी।

राजकुमारी : कैसा दिखाई देता है यह? गिद्ध की तरह?... या फिर किसी और पंछी की तरह?

संजीव : यह बहुत बड़ा पंछी है। उसके पंजे और डैने हैं लेकिन वे

तो जैसे दिखाई ही नहीं देते। कहते हैं कि बस उसकी विकराल आँखें ही दिखाई देती हैं। जिन लोगों को ऐसा लगा कि पंछी उनकी ओर ताक रहा है, वे उसी क्षण मर गये। ...अब चलें क्या?

राजकुमारी : ठहरो, मैं एकबार तुम्हारे चरण छूना चाहती हूँ।

संजीव : वह क्यों भला?

राजकुमारी : क्योंकि तुम मेरे पति और मैं तुम्हारी पत्नी हूँ। पत्नी होने के नाते क्या मुझे कम-से-कम एक बार पति के पैर नहीं छूने चाहिए?

(पैर छूती है)

संजीव : चलो अब चलें।

(वे चल देते हैं। काफ़ी दूर चलने के बाद वे एक भयंकर और अजीब जंगल में प्रवेश करते हैं।)

राजकुमारी : क्या हम भटक गये हैं?

संजीव : नहीं, हम रास्ता नहीं भूले।

राजकुमारी : यह कौन-सा देश है? तूफान क्या चलता है, पत्ते उड़कर चेहरे पर बिखर जाते हैं। किसी की परछाईं दबे पाँव घास पर चलती है। ऐन हमारी आँखों के आगे धुँधले-से आकार खड़े हो जाते हैं, और हमारी ओर बढ़ने लगते हैं।

(आत्माएँ उनकी ओर आती हैं। और थोड़ी ऊँचाई पर स्थिर हो खड़ी हो जाती हैं)

कीर्तिशिव की आत्मा : संजीव, मैं हूँ कीर्तिशिव, तुम्हारा पिता। मैं सिर्फ रूह हूँ अब। हम सब आत्माएँ आयी हैं यहाँ, तुम्हें आशीर्वाद देने।

आत्माएँ : बच्चो, डरना नहीं। हमने भी की थी लड़ाई, लड़े थे तुम्हारी तरह और हार गये थे। तुम जैसों को, जो लड़ते और करते हैं संघर्ष, हमारा आशीर्वाद। बहुत-बहुत वर्षों के बीत जाने पर लोग चर्चा करेंगे तुम्हारी। चर्चा तुम्हारे साहस की और माई की निर्दयता की, निष्ठुरता की। हे युवा बन्धुओ, यह याद रखना। अब आगे बढ़ो, इन उड़ते पत्तों को मानो रंगबिरंगी पतंगें और पतंगों को मानो पुष्पक विमान, अपने को मानो

विमान के चालक। आकाश के आँगन में फैली सुनहरी धूल से खेलो, सवारी करो रंगबिरंगे बादलों की, लताओं के झूलों पर झूलो। हम भी झूले थे, छू लिया था क्षितिज को गर्व से गरज कर। सितारों के दिये जलाये थे, उड़कर पहुँच गये थे, ग्रह-नक्षत्रों की दुनिया में। दिन, रात, महीने, वर्ष बिताये थे बहुत-बहुत दिनों तक हँसते हुए। तब तक, जब तक हम थक कर चूर न हो गये। वह थी वहीं कहीं, मौजूद हमेशा, अपनी उपस्थिति का भान कराती—अदृश्य, अनदेखी, अनचाही, सपने की तरह सच से परे भय जैसी, या वैसी जैसी हम हैं आज। फिर एक तूफान खड़ा करती बवंडर-सा उठाती है वह, करती है वार हमारे रंगबिरंगे पतंगों पर। धागों से टूटकर हमारी पतंगें रास्ता भटक जाती हैं और जा गिरती हैं नदीं की रेत पर। लहरों के थपेड़े पड़ते हैं बार-बार हम पर और जल्दी ही हम भी बन जाते हैं रेत के ढेर। अब हम यहाँ हैं, भूली हुई परछाइयों की तरह। देखते तुम्हारे करतब, तुम्हें सराहते, आशीष देते। बच्चो! देवी-देवताओं और हम सब मृतकों की शक्ति तुम्हें मिले, परन्तु मानव-मन का दृढ़ निश्चय हो तुम्हारे पास।

संजीव : धन्यवाद पितरो, यह हमारी आखिरी रात है। घूमते रहेंगे हम भी पूरे जंगल में और लड़ेंगे अपनी आखिरी लड़ाई। सबसे विदा लेकर आएँगे हम तुम लोगों के पास। हमारे जन्म और नाम के अनुकूल होगी हमारी यह लड़ाई। इसमें नहीं है कोई सन्देह, आशीर्वाद दीजिए हमें। अब हम चलते हैं।

(संजीव शिव और राजकुमारी झुककर उनका अभिवादन करते हैं। आत्माएँ हाथ उठाकर उन्हें आशीर्वाद देती हैं। वे धीरे-धीरे अदृश्य हो जाती हैं। तभी मन्दिरों की घंटियाँ बजती हैं और गीत सुनाई देता है।)

शुभ बोलो और उसे आशीष दो
शुभ वस्तुओं को आशीष दो
सोने की बनी है जो, अनूठी है जो
उस सुन्दरी राजकुमारी को आशीष दो।

संजीव : चुप हो जाओ।

राजकुमारी : यह तुम किसे कह रहे हो?

संजीव : तुमको।

राजकुमारी : मैंने कोई गीत नहीं गाया।

संजीव : सच। *(याद करके)* सच ही तो मैंने कभी तुम्हें गाते हुए नहीं सुना। लेकिन अभी-अभी ऐसा लगा जैसे तुम गा रही हो। जरा मेरे पास आ जाओ।...यहीं कहीं पर कई लोग हँस रहे हैं, क्या तुम्हें नहीं लगता कि हम किसी गाँव में आ पहुँचे हैं? वह गीत जो हमने सुना, एक विवाह-गीत था। जरूर आसपास कहीं कोई ब्याह हो रहा होगा।

राजकुमारी : वह देखो, सामने वह घर दिखाई देता है? वहीं शादी हो रही होगी। चलो वहाँ चलते हैं।

(जाते हैं। एक दरवाजा दिखाई देता है।)

संजीव : ध्यान से सुनो, तुम्हारा नाम आकाशमल्लिगे है और मेरा नाम संपिगेरामा, समझी? गलती से भी हमारे असली नाम नहीं बताना।

राजकुमारी : अच्छा।

संजीव : अन्दर कौन है? दरवाजा खोलो।

(दरवाजा धीरे से खुल जाता है। अन्दर से तेज रोशनी आती है और सब चीजों पर पड़ती है। हजारों बत्तियों से भरपूर एक भयानक दुनिया आँखों के सामने उजागर हो जाती है। बत्तियाँ एक ही आकार की हैं। ऊँचाई पर एक सिंहासन है, उसके नीचे दो बिल्कुल अलग तरह की बत्तियाँ हैं। उनमें से एक तेज जल रही है दूसरी धुँधलायी-सी। संजीव चारों ओर देखता है, और उसे सदमा लगता है। इसी बीच राजकुमारी गायब हो जाती है। दरवाजा गिरिमल्लिगे ने खोला है। संजीव क्रोध और हताशा से भरकर असहाय-सा चिल्लाता है)

संजीव : धोखा, धोखा!

गिरिमल्लिगे : बेटे संजीव शिव, क्या तुम अपने नाम बदलकर और इस तरह भागकर माई को धोखा दे सकते हो?

संजीव : यह घोर अन्याय है!...

गिरिमल्लिगे : चाहे तुम कितना ही चीखो-चिल्लाओ, तुम्हें कहीं से भी कोई सहानुभूति नहीं मिलेगी। क्योंकि यह मनुष्यों की दुनिया नहीं है। अगर तुम चीखते-चिल्लाते रहोगे तो थोड़ी देर के लिए बरदाश्त कर लिया जाएगा, लेकिन फिर तुम्हें बाहर फेंक दिया जाएगा या चुप करा दिया जाएगा। इससे ज्यादा कुछ भी तुम्हारे हाथ न लगेगा। तुम्हारी बातें सुनने और उस पर अपना फैसला सुनाने के लिए माई यहाँ नहीं हैं। तुम्हारे कुछ प्रश्नों के उत्तर मैं दे सकती हूँ लेकिन वे रटे-रटाये जवाब हैं। इसके अलावा सिर्फ एक बात मैं तुम्हें बता सकती हूँ, वह यह कि राजकुमारी और तुम ऐसे दो मनुष्य हो जो अपनी मानव काया में इस दुनिया में प्रवेश कर पाये हो। राजकुमारी को यह सौभाग्य सिर्फ इसलिए मिला क्योंकि तुम माई के बेटे हो। याद रखना, माई का क्रोध और उनका आशीर्वाद ही तुम्हारा भाग्य होगा। मौके का फायदा उठाओ और उनसे आशीर्वाद माँगो, नहीं तो तुम्हीं पछताओगे।...अगर तुम मुझसे कुछ और पूछना चाहते हो तो माई के आने और सुनवाई करने से पहले पूछ लो। उनके आने के बाद तब तक बात मत करना जब तक तुमसे बात न की जाए।

संजीव : *(चीखते हुए)* क्या यह अन्याय नहीं है कि तुमने बलि चढ़ाने के लिए राजकुमारी को मुझसे चुरा लिया?

गिरिमल्लिगे : कायदे से बोलना सीखो। कोई बलि-वलि नहीं है। स्वाभाविक मृत्यु है यह।

संजीव : मुझे दिये हुए माँ के उस आशीर्वाद का क्या हुआ कि जिस रोगी का मैं इलाज करूँगा, वह बच जाएगा। यह सब उस आशीर्वाद को गलत साबित नहीं करेगा?

गिरिमल्लिगे : क्या यह तुम्हारी गलती नहीं थी कि माई के रोगी के बायीं या दाहिनी ओर खड़े होने से पहले ही तुमने इलाज शुरू कर दिया? आशीर्वाद देने वाले की जिम्मेदारी आशीर्वाद लेने वाले से ज्यादा होती है। हमने उससे कहा, 'बेटी, अगर वैद्य की दी हुई बेल को तुम अपने गले से नहीं उतार फेंकोगी तो संजीव शिव भी तुम्हारे साथ ही मर जाएगा।' यह सुनकर उसने

खुद बेल उतार कर फेंक दी, जिससे तुम जिन्दा रह सको। इसके बाद ही हमने उसे सजाना-सँवारना शुरू किया।

संजीव : *(निराशा में डूबते हुए)* गिरिमल्लिगे, अब मेरे सारे भ्रम टूट गये हैं। एक निष्ठुर निर्मम नियति हम दोनों को घसीटती हुई यहाँ ले आयी। मैंने उससे कहा था, 'अगर हम जिन्दा रहे तो एक कुटिया में रहेंगे, मरेंगे तो एक ही चिता में जलेंगे।' लेकिन अब? राजकुमारी, जिसने मुझ पर विश्वास किया था, अकेली मरने जा रही है। मृत्यु के स्पर्श ने मेरी औषधियों को अर्थहीन बना दिया है। विष अब शिव के कंठ में ही नहीं व्यापता, वह चारों ओर फैल गया है। इस जीवन से मुझे मुक्ति दो, माँ।

गिरिमल्लिगे : बेटे, तुम ऐसा खेल खेल रहे हो, जिसमें तुम जीत नहीं सकते। जो कुछ भी तुमने कहा, उसके लिए तुम बाद में पछताओगे।

संजीव : मैं तो अब भी पछतावे से भरा हूँ। क्योंकि मुझे एक निष्ठुर माँ मिली है।

गिरिमल्लिगे : मूर्ख, जब तुम राजकुमारी से मिले उससे बहुत पहले, उसके जनम लेने के बहुत पहले से ही उसके जीवन की अवधि निश्चित कर दी गयी थी। क्या तुम्हें यह पता था? क्या तुम नियति को बदल सकते हो? तुम अन्तिम सत्य देखना चाहते थे, है न? देखो, तुम्हारे सामने है। वे सहस्त्रों दीप जो उज्ज्वल हो जल रहे हैं जीवन के सूचक हैं। अभी-अभी जलाये दीप, बढ़ती लौ वाले दीप, ऊपर आते हुए दीप, तेज प्रकाश वाले दीप, झिलमिलाते दीप, धीरे-धीरे बुझने वाले दीप। हर दीप एक-एक जीवन का द्योतक है। हर दीप में तेल की मात्रा अलग-अलग है। हरेक जीवन की अवधि दीपक के तेल की मात्रा पर निर्भर है। देख रहे हो?

(फिर सिंहासन के नीचे रखे दो दीपों की ओर इशारा करती है)

यह दीपक जिसमें तेल भरा है, और जो दूसरे दीपों से बड़ा और उज्ज्वल है, तुम्हारा जीवन है। माई ने तुम्हें सबसे लम्बी जिन्दगी दी है, क्योंकि तुम उसके बेटे हो। उसके पास ही

रखे टिमटिमाते दीपक को देखो। इसमें तेल नहीं है, और यह बुझने वाला है। यह तुम्हारी राजकुमारी का जीवन है। लो देखो, वह आ रही है।

(डायनें विवाह के मंगलगीत गाती हैं और राजकुमारी को साथ लिये आती हैं। दुल्हन के वेश में सजी-धजी राजकुमारी आकर टिमटिमाते दीपक के बगल में खड़ी हो जाती है। राजकुमारी अपने जीवन के आखिरी पड़ाव पर पहुँच गयी है। डायनें संजीव शिव को उसके पास जहाँ, बड़ा चमकीला दीपक है, खड़ा कर देती हैं।)

गिरिमल्लिगे : *(मंगल सूत्र बाँधने से पहले)* माई को अपने ब्याह के लिए न्यौता दो। जब वे तुम पर प्रसन्न हो जायें तो उनसे अमरत्व का वर माँगो। इसी में होशियारी होगी।

संजीव : माँ, तुम जैसा कोई नहीं जो इतना प्यार करे और उतनी ही पीड़ा पहुँचाये; जो इतना दुलारे, फिर बिल्कुल भुला दे। कोई नहीं जो इतना सम्मान दे और इतना अपमान करे, इस तरह रक्षा करे और फिर विश्वास तोड़ दे। हे विश्व की माता, इस चराचर के लिए भयावनी भयंकरी, मैं तुम्हारा पुत्र तुम्हें प्रणाम करता हूँ, और विनती करता हूँ कि मेरे सामने प्रकट होओ।

(धीरे-धीरे भयावने रूप से विशाल बाज पक्षी सिंहासन पर प्रकट होता है। उसकी जलती आँखें और भी ज्यादा भयावनी हैं)

पक्षी : पुत्र संजीव शिव, तुमने हर किसी से प्रशंसा पाई है, राजकुमारी का प्रेम पाया और मेरी आशीर्वाद। मेरी शुभकामनाएँ तुम्हारे साथ हैं। तुम्हारी सेवा से प्रसन्न मैं तुम्हें अन्तिम सत्य दर्शन का आशीर्वाद देती हूँ। जितना तुम चाहो, ग्रहण करो।

(कुछ देर की खामोशी।)

मैं माता हूँ। माता, जो सबकुछ निगल जाती है, माता जो सबकुछ उगल देती है। मैं माता हूँ, मुझमें सबकुछ निहित है। मैं सबकुछ बाहर प्रकट करती हूँ और उनमें ज्योति भरती हूँ। माता हूँ मैं समग्र जीवन की, चराचर की। अनन्त, अटूट विश्व की माता हूँ मैं। मैं आकारों का सृजन करती हूँ और सब आकारों को विलीन करने वाला असीम अन्धकार हूँ। हर वस्तु

को शून्य में बदलती और सीमाओं के पार ले जाती मैं प्रकाश और गति का अन्तिम लक्ष्य हूँ। मैं सबकुछ निगल जाती हूँ, कितने ही पात्रों में झिलमिलाते जीवनों को बिना छलकाये पी जाती हूँ। पी जाती हूँ मैं सप्तसिन्धुओं को, और फिर उगल देती हूँ बाहर। राज करती हूँ चौदह लोकों पर और विनाश भी करती हूँ उनका, ताकि मैं बनी रहूँ। ऐसी अनबूझ पहेली हूँ मैं, जिसे हजार कोशिशों के बाद भी कोई बूझ नहीं सकता। ...जो आते हैं मुझे खोजते हुए, उनके लिए मैं कई-कई रंगों के वेश बदलती हूँ। यही मेरी आदत है। ज्यादा से ज्यादा इतना ही सम्भव होता है कि लोग देख पायें मेरे सितारों से मंडित घूँघट को, जिसमें छिपाये रहती हूँ मैं अपना चेहरा। उन्हें भूलभुलैया में धकेल देने के लिए इतना ही काफी है। संजीव शिव, अगर सचमुच अन्तिम सत्य नाम की कोई वस्तु है तो यही है मेरे बेटे, और कुछ नहीं। पुकार सकते हो तुम मुझे किसी भी नाम से, हाँ शिवलिंग के नाम से भी। पुत्र, प्रकाश की सीमाएँ होती हैं, अन्धकार की नहीं।

संजीव : इससे ज्यादा तुम और कुछ भी नहीं कह सकती हो माँ, यह तो स्वाभाविक है क्योंकि तुम मृत्यु की देवी जो हो। तुम चाहो तो तर्क से या प्रमाण से अपना सत्य दरशा सकती हो। लेकिन क्या शिवलिंग का सत्य सब प्रमाणों से परे नहीं है?

पक्षी : बच्चे, मैं किसी भी प्रमाण के घेरे में बँध नहीं सकती।

संजीव : माँ, जिसके हाथ-पैर उसकी नियति से बँधे हुए हैं, वह अन्तिम सत्य कैसे हो सकता है?

पक्षी : मैं अपनी नियति के परे जा सकती हूँ, और तुम्हें अमरत्व प्रदान कर सकती हूँ, अगर मुझे इस बात का पक्का विश्वास हो जाये कि तुममें इतनी समझ है कि लम्बी आयु का तुम अच्छा उपयोग करोगे।

संजीव : मुझे मृत्यु से उतना डर नहीं, जितना मृत्युविहीन जीवन से। मैं तुम्हारा नश्वर बेटा ही बने रहना चाहता हूँ माँ, जिसे एक न एक दिन इस लोक से विदा लेना है।

पक्षी : *(उठते हुए)* तुम्हारे शब्दों ने मुझे प्रसन्न किया है पुत्र, विवाह के उपहार स्वरूप मैंने तुम्हारी आयु की अवधि को दुगना कर

दिया है। अब मंगलसूत्र पहनाकर विवाह की रस्म पूरी करो।

(संजीव गाँठ बाँधता है, और राजकुमारी अचेत हो गिर पड़ती है)

संजीव : माँ, मेरे जीवन की अवधि को दुगना करने के लिए मैं तुम्हारा बहुत-बहुत आभारी हूँ। लेकिन मुझे एक बात बताओ, क्या जीवन के इन वर्षों को मैं अपनी इच्छा के अनुसार इस्तेमाल कर सकता हूँ?

पक्षी : हाँ, कर सकते हो, सिवा इसके कि तुम आत्महत्या करो।

(अपना जीवन दीप उठाता है और आधा तेल राजकुमारी के जीवन दीप में डाल देता है।)

संजीव : तो मैं अपना आधा जीवन राजकुमारी को देता हूँ, उसे जीवित रहना ही होगा।

(उसी क्षण पक्षी के मुँह से दर्द और क्रोध से भरी भयंकर चीख निकलती है, जिससे पूरा मृत्युलोक थर्रा उठता है। जैसे ही राजकुमारी का जीवन दीप उज्ज्वल हो जलने लगता है, राजकुमारी उठकर बैठ जाती है और घबराई-सी अपने चारों ओर देखती है। पक्षी सिंहासन पर दम तोड़ देता है। डरी हुई राजकुमारी संजीव शिव से लिपट जाती है। भयंकर दिखने वाला प्रकाश इतना उज्ज्वल हो जाता है, मानो पूरे मृत्युलोक में आग लग गयी हो। पक्षी की असहाय चीख सुनते ही गिरिमल्लिगे बेजान आवाज में घोषणा करती है...)

गिरिमल्लिगे : ये दोनों स्वयं दूर हट जाएँ, इसी क्षण इस लोक से। जो भी घटित हुआ, यहाँ उसका एक शब्द भी न बताएँ अपने लोक में। अगर ऐसा किया तो ध्यान रखें कि उनका कहा पहला वाक्य खत्म होने से पहले ही उनकी जीभ गल कर गिर जाएगी और वे मौत की नींद सो जाएँगे। जान लें, यह भी कि आज से इस वैद्य के लिए दिया गया माई का आशीर्वाद निरर्थक हो जाएगा।

□□□

णाणं

पयासयं

वीर नि.सं. 2470

ई.सन् 1944

भारतीय ज्ञानपीठ